L'ABIME FINANCIER

# En sortirons-nous ?

# DU MÊME AUTEUR

## ECONOMIE SOCIALE

**La Guerre, le Commerce français et les Consommateurs.** Préface de Marc Réville. Ouvrage honoré d'une souscription du Ministère du Commerce et du Conseil Municipal de Paris. 6e éd. 1 vol. in-16. Libr. Académique, Perrin et Cie.

**La Mort des Octrois.** Préface d'Albert Thomas, ancien Ministre de l'Armement et des Fabrications de Guerre. 3e éd. 1 vol. in-16. Librairie Perrin et Cie.

**Le Grand Commerce de détail.** Préface de J. Noulens, Ambassadeur de France, ancien Ministre de l'Agriculture et du Ravitaillement. 5e éd. 1 vol. in-16. Librairie Perrin et Cie.

**France, au Travail !** Ouvrage honoré d'une souscription du Ministère de l'Agriculture et du Conseil Municipal de Paris. 4e éd. 1 vol. in-16. Librairie Perrin et Cie.

**La Conscience professionnelle.** 1 vol. in-16. Ed. de *La France Active*, 6, quai de Gesvres, Paris.

**Loin des Cités.** 1 vol. Ed. de *La France Active*.

## ROMANS

**Les Barbacoles** (mœurs scolaires). Albin Michel, éditeur. Paris. 1 vol. in-16.

**Madame la Duchesse**, feuilleton, 1919.

**Mansour le Barbare**, feuilleton, la *Bataille Syndicaliste* 1912.

**Dans la Forêt Vierge**, feuilleton, l'*Alimentation* 1915.

## POESIE

**Les Voix de la Fournaise.** Poème d'un poilu. Préface de Maurice Barrès, de l'Académie française. 1 vol. in-16. Lib. Perrin et Cie.

**Les Haltes du Rêve.** Maison française d'art et d'édition.

## THEATRE

**La Mort du Légionnaire**, quatre actes.

**Un Homme étrange**, quatre actes.

**La Voix du 100**, un acte.

**Le Mariage de M. Loufting**, un acte.

## CRITIQUE

**Bilan de Salons**, critique d'art. Oscar Lamberty, éditeur. Bruxelles. 1 vol. in-16.

**Médaillons**, portraits d'artistes. Vromant, éd. Bruxelles.

**Le Carnet d'un artiste**, la Fédération artistique, Bruxelles.

**La Ruine de l'Art**, brochure. Ed. de *La France Active*.

**Supprimons le dernier vestige féodal**, brochure. Ed. *La France Active*.

GILLES NORMAND

*L'ABIME FINANCIER*

# En sortirons-nous?

COLLECTION DE LA "FRANCE ACTIVE"

*LA MAISON FRANÇAISE D'ART ET D'ÉDITION*
*37, Rue Falguière, Paris*

1922

*A vous,*
*mon cher collaborateur*
*ERNEST TISSERAND*
*interviewer infatigable de la* FRANCE ACTIVE
*ce volume doit être dédié.*

*Votre labeur, joint au mien, était nécessaire pour le rassemblement hâtif de ces pages.*

G. N.

# Les courants nous entraînent
# La crise mondiale nous dépasse

NOTRE situation économique est mauvaise. Elle nous inquiète ; c'est naturel et c'est logique. Elle ne s'est guère améliorée depuis l'armistice ; celle des autres non plus, d'ailleurs, et ce n'est point une consolation. Il fut un temps où, disant : il faut reconstruire, chacun ne songeait qu'à son propre pays ; la vision de sa patrie souffrante n'est à présent qu'une vision étroite. M. Lloyd George proclame en effet que le monde est bien malade et chacun en convient ; le problème des ruines à réparer a cessé d'être local ; les ruines sont partout ; le cataclysme n'a rien épargné et ses terribles conséquences sapent toutes les situations et réduisent toutes les fortunes.

Il fallait, naguère, disait-on, relever les pays dévastés; nous songions à la France et à la Belgique plus meurtries que quiconque ; les Américains nous ont bientôt trouvés trop égoïstes.

et la formule fut de relever l'Europe. Aujourd'hui que le malaise s'étend en Chine, au Japon, au Brésil, et ailleurs, M. Lloyd George proclame qu'il faut guérir l'univers ; à l'en croire, l'Angleterre est loin de se bien porter. Peut-être a-t-il raison, mais, nous qui fûmes les premières victimes, allons-nous rester les dernières parce que chacun a un trou dans son bas de laine ?... Va-t-on oublier nos blessures particulières ?... Hélas ! les temps d'héroïsme sont révolus et le temps viendra où les mutilations du champ de bataille n'émouveront plus personne, beaucoup de gens même les jugeant déjà désagréables à voir, sinon ridicules en elles-mêmes. Hélas ! le monde est ainsi bâti.

L'égoïsme s'est fait jour dans les âmes ; il est devenu collectif et constitue le principal des attributs moraux des nations. Le corps social a son ossature, son cerveau, sa musculature tout comme le corps humain. Le sang y circule, les produits du sol et de la manufacture en sont les globules ; les canaux, les chemins de fer, les routes, les banques sont les artères et les veines. Les globules sont anémiques, de plus l'artériosclérose est fort développée ; le cœur a des battements irréguliers ; dans quelque cellule cérébrale le grain de folie s'est logé... Lloyd George a raison, le corps social est malade ; le monde tout entier réclame des soins urgents. Ou bien c'est la mort. Mais avant il y a les spasmes de l'agonie... un ciron n'en a pas de très grands, ceux de cette chose immense et compliquée que j'ai appelée le corps social, seraient d'autre espèce. C'est justement que nous redoutons d'en être les témoins — c'est-à-dire les victimes.

## La bonne vision de Lloyd George après celle de Wilson

Voilà donc le problème bien posé. Pouvons-nous efficacement nous soigner si tout le reste de l'organisme demeure atteint ? Cela revient à demander : Etant donné que, dans le corps social languissant, infecté de virus divers, nous sommes simplement un membre blessé, peut-on guérir complètement la blessure de ce membre, en négligeant l'ensemble ?

Cela eût été possible lorsque toutes les plaies semblaient bénignes ; mais notre pays fut sans direction et son gouvernement sans programme. A présent que toutes les plaies sont empoisonnées, les meilleurs cautères seraient inopérants, comme sur des jambes de bois.

Frappons-nous la poitrine comme le pécheur repentant. *Mea culpa, mea culpa, mea maxima culpa !*

C'est notre faute, notre très grande faute à nous Français, Anglais, Belges, Italiens, Américains et autres : nous avons rompu le pacte de solidarité économique. L'enchantement a cessé, la souffrance pointe, et, si, l'un après l'autre, nous pleurons, nous finirons bien par pleurer tous ensemble. Les temps sont proches, a dit l'Evangile.

Que faire ?

*Les puissances alliées, réunies en conférence à Cannes, furent unanimes à penser qu'une conférence d'ordre économique et financier devrait être convoquée dans les premiers jours de mars ; que toutes les puissances européennes, Alle-*

*magne, Autriche, Hongrie, Bulgarie et Russie comprises, devraient être invitées à envoyer des représentants. Elles considèrent que pareille conférence constitue une étape réelle et essentielle dans la voie de la reconstruction économique de l'Europe centrale et orientale ; elles ont la ferme opinion que les premiers ministres de chaque nation devraient, si possible, assister eux-mêmes à cette conférence, afin que les recommandations de celle-ci puissent être suivies d'actions le plus vite possible.*

*Les puissances alliées considèrent que la reprise du commerce international à travers l'Europe, ainsi que le développement des ressources de tous les pays sont nécessaires pour augmenter la quantité de main-d'œuvre productive et pour alléger les souffrances endurées parmi les peuples européens. Un effort commun des Etats les plus puissants est nécessaire pour rendre au système européen sa vitalité aujourd'hui paralysée.*

*Cet effort doit s'appliquer à la suppression de tous les obstacles qui entravent le commerce. Il doit s'appliquer aussi à l'octroi de crédits importants, consentis aux pays les plus faibles, ainsi qu'à la coopération de tous pour la restauration de la production normale.*

## On en revient à ses premières amours

« Cet effort doit s'appliquer à la suppression de tous les obstacles qui entravent le commerce », dit Lloyd George dans la motion qu'il fit adopter.

Tiens ! Lloyd George revient-il donc à la sagesse, c'est-à-dire au libre-échange dont il fut jadis un apôtre, pour devenir bientôt celui d'un protectionnisme aussi échevelé que le nôtre ? Pour la première fois on ressuscite la théorie wilsonienne : on se souvient, en effet, de ce que le président des Etats-Unis, dans le troisième point de sa proposition, réclamait aussi, mais de façon plus nette, la fin des entraves commerciales par la chute des barrières. On ne l'a pas écouté, hélas ! Du moment que partout chez les belligérants, la guerre avait réduit ou supprimé la liberté des peuples, était-il de saison de parler de liberté économique ? Ne pouvait-on se dispenser de cette liberté pour fonder le nouvel ordre du monde ?... Est-ce que des hommes tout-puissants comme l'étaient nos maîtres, à l'époque du traité de Versailles, avaient à se soucier des réalités ?... N'étaient-ils donc pas assez forts pour les vaincre ?...

Quelle témérité !

C'est de cette témérité que nous mourons. Lloyd George n'ose pas encore le proclamer ouvertement, à voix très haute. Patience ! Cela viendra. Si le désordre éclate dans la misère, l'ordre ne renaît que par l'excès de misère. C'est pourquoi j'écrivais, il y a plus de dix-huit mois, qu'après la période d'agitation et de languissement traversée par la Russie, le capitalisme se reconstituerait, reconquérant à nouveau ses droits. Nous parcourons tous le cycle mauvais : vague de paresse, de jouissance, d'égoïsmes forcenés provoquant l'obnubilation du sens moral non seulement d'individus ou de masses d'individus, mais de peuples entiers, de continents entiers. Le mal disparaîtra de lui-même lorsque les temps d'épreuves seront suffisants. Alors montera des Parlements la grande voix humaine d'union, puisque c'est par l'union des vainqueurs et des vaincus que le monde retrouvera son équilibre, et par cette union seulement. Il n'y a qu'une chose à redouter : c'est que l'appel de Lloyd George ne s'élève encore trop tôt.

## Cette fois la charrue ne serait pas avant les bœufs

Lloyd George est-il assez sincère pour réclamer avec toute l'énergie voulue « la suppression de tous les obstacles qui entravent le commerce », c'est-à-dire pour exiger la liberté des échanges selon la conception wilsonienne, hélas ! tuée dans l'œuf. La façon dont la chose est dite ne m'inspire guère confiance.

Avons-nous assez souffert vraiment pour que l'opposition qu'a rencontrée la Société des Nations à travers l'ancien et le nouveau monde, soit annihilée ? Je ne le crois pas. Wilson n'a succombé que sous la formidable coalition d'intérêts qu'avait provoquée contre lui le troisième point de ses quatorze conditions. Et c'est peut-être cette coalition connue, appréciée, ressentie par Lloyd George lui-même, qui a fait reculer le premier ministre anglais. Peut-être a-t-il eu peur de subir le sort lamentable d'un Wilson. Croit-il les irréductibles ennemis du libre-échange suffisamment affaiblis, pour que leurs exigences soient mitigées dans une sorte d'émasculation de leur force ? That is the question !

Il y a tout de même les leçons de l'expérience dont peut profiter M. Lloyd George. Il sait aujourd'hui, comme nous-mêmes, que si la suppression graduelle des barrières douanières, en vue de l'égalité économique des peuples, n'a pu être obtenue, c'est parce que Wilson ne cessa d'avoir pour objectif — comme l'a écrit un économiste belge de grande valeur, M. Henri Lambert — « *avant tout*, la formation de la Ligue des Nations ; celle-ci devait introduire *dans la suite*, sous la forme d'un libre-échange graduel, l'équité économique internationale, fondement de la paix. » C'était proprement mettre ce que l'on appelle la charrue avant les bœufs. « En effet, continue notre auteur, pour associer les peuples, il faut commencer par supprimer leurs antagonismes fondamentaux ». L'inverse n'est que de l'illogisme ; l'illogisme entraîne l'insuccès. Cet insuccès a entraîné le triomphe de la diplomatie secrète qui ne voulait pas mourir, pour léguer sa succession à la diplomatie honnête, au grand jour, fille de la vérité et non pas du monsonge, — de la vérité dont la figure n'apparaîtra, parmi l'essaim des peuples, que si elle s'auréole de la liberté économique internationale.

Il faut bien en convenir : c'est l'ignorance des masses, complice des privilégiés cupides, qui est la cause directe de la paix armée que nous subissons à nouveau, pour subir à nouveau la guerre, comme nous l'avons subie, puisqu'elle est son lamentable aboutissement.

## Etendre le cercle des convocations

Cependant, si excellente que soit l'idée de M. Lloyd George, en même temps qu'elle comporte un peu trop de timidité dans l'expression, elle comporte une grave lacune quant au nombre trop restreint des convocations envisagées. Ce n'est pas seulement l'Europe qui est intéressée à voir tomber les obstacles qui entravent le commerce : c'est le monde entier, l'Amérique comme l'Asie. En effet, au point de vue économique, il n'est pas un peuple qui ne dépende des autres ; la Russie soviétique nous en a donné la preuve, confirmée par le marasme auquel son isolement a voué l'Europe. C'est ce marasme excessif qui, finalement, fera tomber l'ostracisme dont on entoura si longtemps le pays de Lénine et de Trotsky.

Si les obstacles qui entravent le commerce ne s'évanouissaient qu'en Europe, le libre-échange ne revêtirait-il pas un caractère de localisation plus que d'universalité, le seul qui lui convienne ?

Or, que Lloyd George, Poincaré et les autres chefs d'Etat le sachent bien : il n'y a pas d'autre planche de salut. Nous sommes enfermés dans un dilemme terrible : notre civilisation vivra ou mourra. Elle mourra, inéluctablement, et dans un temps moins long qu'on ne le croit, si nous persévérons dans les vieux errements. Les intérêts humains sont plus négligés qu'ils ne le furent jamais, et, moins leur administration existe et plus le chauvinisme s'exaspère, plus le militarisme se fortifie. Comment pourrait-il en être autrement ? Il n'y a que les intérêts particuliers, se heurtant, se dressant face à face, qui soient administrés. Le choc, aussi longtemps que cet état de choses durera, demeurera la seule, prochaine et douloureuse éventualité.

Pourquoi, grand Dieu ! jouons-nous de gaieté de cœur le rôle du sourd qui ne veut pas entendre et celui de l'aveugle volontaire dont parle l'Evangile? ... Si les horribles leçons de la guerre ne nous ont rien appris, nous sommes de grands coupables. Ne savons-nous pas clairement pourquoi le cataclysme affreux s'est déchaîné ?... Il s'est déchaîné parce qu'entre les États et les colonies de ces États, il y avait trop de barrières hérissées de trop de tarifs. Le canon n'a tonné que pour démolir ces barrières et anéantir ces tarifs. Il a manqué son but. Bien plus, ces barrières et ces tarifs se sont multipliés. Nationalistes de partout, réjouissez-vous ! Il faudra remettre ça, car le but doit être réalisé. Anarchie par-ci, despotisme par-là, découragement partout, voilà les issues qui s'ouvrent au bout du sentier battu que nous suivons.

Est-ce que la paix que nous subissons peut porter un autre nom que celui de guerre économique, dissimulée parfois, ouverte souvent, à l'état latent, non seulement de vainqueurs à vaincus, mais entre alliés d'hier, adversaires inavoués d'aujourd'hui, irréductibles ennemis de demain, si l'on n'y prend garde ? Les antagonismes fondamentaux demeurent les mobiles de nos actions respectives — et non respectables. La conquête géographique, la seule que nous ayons connue, persiste à s'opposer aux conquêtes économiques, les seules qui comportent les vraies solutions politiques et matérielles.

## D'une prophétie à un coup d'œil sur l'antiquité

La situation qui est la nôtre, avait été prévue par l'économiste Henri Lambert qui, avant même la signature du traité de Versailles, pouvait écrire :

« Puisque l'on conserve les inégalités et les iniquités économiques, les *grands politiques* vont s'assembler aussi fréquemment que possible derrière une façade de carton, qu'ils transporteront d'une capitale à l'autre... Ils feront semblant de s'y mettre d'accord sur quelque chose, cherchant ainsi à donner aux peuples la fausse impression d'un absurde succès et la dangereuse illusion d'une sécurité qui serait un non-sens. »

Paris, Hythe, Spa, Londres, Washington, Cannes, Gênes...

Est-ce que la liste s'arrêtera là ?... Non.

Elle s'arrêterait là si la division du travail pouvait être réalisée, si l'échange des produits pouvait s'effectuer sans encombre, si la coopération humaine ne restait pas lettre morte, si les relations internationales n'étaient plus aussi sévèrement que maladroitement réglementées, si les peuples avaient conscience que des avantages ne peuvent naître pour eux que si des avantages existent pour leurs concurrents ; si les peuples n'ignoraient pas que la fédération économique, sous le régime de la liberté des échanges, est le seul facteur réel de prospérité, de sécurité, de la paix mondiale souhaitée par M. Millerand, si fort à propos, aux réceptions diplomatiques du premier janvier.

L'Histoire nous apprend que, dans l'antiquité, les peuples vainqueurs emmenaient les peuples vaincus, enchaînés derrière leurs chars de victoire, pour les réduire en esclavage. Cet esclavage durait à peine quelques lustres ; la révolte et des guerres nouvelles, au cours desquelles la fortune changeait de place, brisaient les chaînes. Présentement, l'esclavage déguisé est dans les deux camps ; nous sommes tous condamnés au travail forcé pour nous acquitter de la dette qui nous écrase. La nature et l'exigence des choses finiront par déterminer une autre réaction catastrophique contre nos conceptions artificielles, qui n'ont rien de commun avec la loi naturelle. Il n'existe pas d'autre moyen, pour l'éviter, que d'ouvrir progressivement, dans un délai à déterminer, mais qui doit être court, le monde entier à l'activité de tous les hommes en traitant les plus petits comme les plus grands, sur un pied d'égalité.

Peut-on l'espérer d'après la fin de la motion Lloyd George?...

## Seconde partie de la motion : la Russie et l'Allemagne

Cette fin, qui est la seconde partie, présente moins d'intérêt que la première ; cependant elle mérite d'être rappelée :

*Les puissances alliées considèrent que les conditions fondamentales indispensables à la réalisation d'un effort efficace, peuvent être définies dans leurs grandes lignes comme suit :*

1° *Les nations ne peuvent pas revendiquer le droit de se dicter mutuellement les principes suivant lesquels elles entendent organiser à l'intérieur leur régime de propriété, leur économie et leur gouvernement. Il appartient à chaque pays de choisir pour lui-même le système qu'il préfère à cet égard.*

2° *Toutefois, il n'est possible de disposer de capitaux étrangers pour venir en aide à un pays, que si les étrangers qui fournissent les fonds ont la certitude que leurs biens et droits seront respectés et que les bénéfices de leurs entreprises leur seront assurés.*

3° *Ce sentiment de sécurité ne peut être rétabli que si les nations (ou les gouvernements des nations) désirant obtenir des crédits étrangers, s'engagent librement :*

a) *A reconnaître toutes les dettes et obligations publiques qui ont été ou qui seront contractées ou garanties par l'État, les municipalités et les autres organismes publics et à reconnaître également l'obligation de restituer, de restaurer ou, à défaut, d'indemniser tous les intérêts étrangers pour les pertes ou les dommages qui leur ont été causés du fait de la confiscation ou de la séquestration de la propriété.*

b) *A établir un système légal et juridique sanctionnant et assurant l'exécution impartiale de tous les contrats commerciaux ou autres.*

4° *Les nations devront disposer de moyens d'échange convendbles. D'une manière générale, des conditions financières et monétaires doivent exister, qui offrent au commerce des garanties suffisantes.*

5° *Toutes les nations doivent s'engager à s'abstenir de toute propagande subversive de l'ordre et du système politique établis dans d'autres pays.*

6° *Tous les pays doivent prendre en commun l'engagement de s'abstenir de toute agression à l'égard de leurs voisins.*

*Si en vue d'assurer les conditions nécessaires pour le développement du commerce en Russie, le Gouvernement russe réclamait sa reconnaissance officielle, les puissances alliées ne pourraient accorder cette reconnaissance que si le Gouvernement russe acceptait les stipulations qui précèdent.*

Il n'y a pas à le nier, c'est la reconnaissance certaine, et à bref délai, des Soviets. Tchitcherine disait : « Reconnaissez les Soviets, ils reconnaîtront les dettes du régime antérieur. »

La Conférence s'écrie : « Reconnaissez les dettes, nous reconnaîtrons les Soviets ! »

Verre joli, joli verre !

Les Soviets disaient : « Nous ne voulons pas que vous vous immisciez dans nos affaires intérieures ! » La Conférence s'écrie : « Toutes les nations doivent s'abstenir de toute propagande subversive de l'ordre et du système politique établis dans d'autres pays ! »

Verre joli, joli verre !

On est bien près de s'entendre. Il existe des faits accomplis devant lesquels chacun s'incline.

Mais il n'y a pas que la Russie. Il y a tous les petits peuples de l'Europe dressés les uns en face des autres, se protégeant, s'isolant dans leurs barrières douanières et leur nationalisme, à l'instar des grands. Ceux-là souffrent plus que ceux-ci, mieux à même de monopoliser les ressources des parties du globe, ressources que leur donne la colonisation. Ils ne comprendront que si les détenteurs de colonies consentent à des concessions, que si le régime du libre-échange peut s'établir pour tous, des pôles aux tropiques. Autrement, l'Allemagne sera la première à déclarer qu'elle n'a pas au soleil une place adéquate à sa situation et que ses débouchés ne sont pas proportionnels à la hauteur de ses besoins et que nul ne peut continuer à monopoliser par la force les richesses naturelles que la planète porte pour chacun. Alors, il n'y aurait rien de fait et tout resterait en l'état. L'Allemagne, si elle était animée d'un parfait esprit, devrait proposer la suppression immédiate de toutes ses barrières économiques, à condition que l'on instaurât non pas seulement le libre-échange européen, mais le libre-échange *universel*.

Le comprendra-t-elle ? Le fera-t-elle ?... Qui vivra verra.

Et si elle le comprenait, si elle le faisait, consentirait-on à la traiter sur les marchés mondiaux, comme nous voulons y être traités nous-mêmes ? Rien n'est moins probable, surtout si elle ne paie pas intégralement toute la dette qu'on lui a imposée. Alors ?...

Alors, Gênes ne sera pas la dernière conférence.

## Gênes pourrait être la dernière conférence

Ce pourrait être la dernière conférence si l'Angleterre, jadis libre-échangiste, n'était point devenue protectionniste ; la timidité de M. Lloyd George dans l'expression de ses formules, montre clair comme le jour que la métamorphose nouvelle est incertaine ; ce n'est qu'une promesse de mur : le premier ministre tâte le terrain, essaie des travaux d'approche, tout simplement.

Ce pourrait être la dernière conférence si la France se souvenait qu'il y a un peu plus d'un demi-siècle elle a connu, sous le régime du libre-échange, une ère de prospérité qui n'a pas sa pareille dans l'Histoire.

Ces deux grandes nations européennes, mondiales à cause de leurs colonies éparpillées sur tout le globe, convaincraient les autres. Mais il faudrait qu'elles fussent, en tout premier lieu, convaincues.

M. Henri Lambert, avant l'élaboration du triste traité de

paix de MM. Clemenceau et Tardieu, avait formulé des propositions intéressantes qu'il importe de retenir :

« Que l'Allemagne réduise immédiatement ses droits de douane de 50 0/0 de ce qu'ils sont actuellement et, pour la suite, fasse des réductions annuelles de 5 0/0 jusqu'à entière abolition de ces droits.

« Toutes les autres nations s'engagent à réduire graduellement leurs droits de douane de 50 0/0 par des réductions annuelles de 5 0/0 pendant dix ans.

« Toutes les colonies du monde seront immédiatement ouvertes au commerce et aux activités générales de toutes les nations dans des conditions d'absolue égalité quant aux droits économiques.

« Toutes les nations renoncent à offrir ou à accepter quelque traitement économique préférentiel ou différentiel que ce soit.

« Les nations contractantes invitent toutes les autres nations du monde à se joindre à elles. »

Et voilà, c'est à ce prix, et à ce prix seulement qu'on peut songer à guérir le monde malade. Autrement c'est l'éternisation de la souffrance et des ruines ; c'est tout un siècle d'efforts perdus, de consomption, d'agonie. L'avènement d'une ère « de justice, de moralité, de spiritualité dans la vie internationale », est-il au-dessus des forces et de l'intelligence humaines ?... Nous en avons peur !

Déjà chez nous, beaucoup attestent qu'ils ne veulent pas renouer, du moins sans hésitation ni résistance, des relations avec la Russie. C'est une opinion qui n'empêchera pas le destin de s'accomplir. On ne lutte pas contre un mouvement économique mondial. Nous sommes bien tranquilles; quel que soit notre gouvernement, il nous faudra nous mettre au diapason. Par conséquent au moment où un ministère vient de tomber, au moment où un autre ministère se met au travail, rien ne sert d'épiloguer ; les courants nous entraînent, la crise mondiale nous dépasse. C'est seulement par des conceptions hardies dont nous rendrons l'exécution certaine, que nous nous sauverons.

Loin des sentiers battus ! *Sursum corda* !

# Notre situation économique particulière

Elle n'est pas très gaie Elle est même triste. Et pourtant, nous sommes, a dit, il y a bien longtemps, le Hollandais Grotius, « le plus beau pays sous les cieux ». Nous ne voulons pas nous appesantir sur ce lieu commun ; on ne vit pas de mots. Nous pouvons produire pour manger et pour vendre. Pourquoi ce malthusianisme économique qui nous met dans la gêne et nous fera mourir ?

Tout d'abord nos alliés n'ont pas respecté les conventions qui avaient assuré l'équilibre de la production pendant la guerre. Sitôt le péril commun évanoui, chacun en est revenu à ses égoïsmes, comme le chien de l'Ecriture à son vomissement. La carence de nos gouvernants s'est affirmée ; la connexité des problèmes urgents leur a échappé, comme aux autres gouvernants, d'ailleurs. L'effort puissant, parce qu'il est méthodique, ne s'est point manifesté. Nous n'avons eu ni politique des matières premières, ni politique du combustible, ni politique des transports, ni politique agricole, ni politique du crédit. Les grands industriels sont restés nos maîtres, les grands charbonniers sont restés des potentats, les Compagnies Maritimes et les Compagnies de Chemins de fer se sont drapées dans leur intangibilité, les grands propriétaires terriens, agrandissant leurs domaines, ont reconstitué les biens féodaux. Quant aux grandes banques, il vaut mieux se taire sur leurs aspirations et sur leur rôle ; il y aurait trop à dire.

Cela, on le comprend, n'a point comporté la rénovation de nos directives industrielles et commerciales, non plus que la résurrection de la terre, non plus, enfin, que la réorganisation pourtant si nécessaire du trafic de l'argent. On parle de la démocratie, — pour mémoire — mais on n'a jamais travaillé pour elle.

Nous avons donc été exploités sur toutes les coutures ; un esprit de spéculation a envahi tous les cerveaux ; les appétits des manitous ont gagné de proche en proche toutes les classes moyennes, s'infiltrant jusque dans les couches prolétariennes. Alors nous avons payé. Nous payons et nous paierons pendant longtemps encore. Le bon sens a fui l'humanité.

### Des abus de l'Etat aux abus des particuliers

Les abus nés de la guerre ne s'enrayent pas ; ils continuent à s'épanouir effroyablement. Les administrations imposent leur je m'enfoutisme au pays. On a établi des impôts multiples ; ils se chevauchent, s'entremêlent au point que le contribuable y perd son latin, se décourage, sentant bien son impuissance à combler le gouffre, comme on prétend l'exiger de lui. On a institué la taxe de luxe, la taxe sur le chiffre d'affaires, qui sont un défi à la logique, à la science financière, si elles sont le triomphe d'une fiscalité néfaste. Il n'y a plus pour personne aucune raison de baisser les prix en vue de satisfaire à la concurrence ; il n'y a plus de raison pour que quiconque tente de réaliser un gros chiffre d'affaires avec un bénéfice restreint, le poids des impôts s'augmenterait proportionnellement en même temps que les gains mueraient peut-être en pertes ; petit chiffre d'affaires, gros bénéfices, voilà la devise nouvelle qui assure le triomphe du mercantilisme.

Si c'était tout !... Mais non. C'est à qui dissimulera pour échapper au fisc. Si ce sont toujours les mêmes qui sont tués à la guerre, ce sont aussi toujours les mêmes qui sont visés par le percepteur. La situation devient paradoxale : le nombre des collecteurs augmente à mesure que celui des taillables diminue. Bientôt, en France, avec les douanes, les contributions indirectes, les contributions directes, les octrois, il n'y aura que deux catégories de citoyens et qui viseront à l'égalité d'importance, ceux qui encaissent et ceux qui décaissent, les premiers laissant aux seconds le soin d'assurer la production du blé qui fera leur pain, du mouton qui donnera sa côtelette, sa laine et sa peau, du charbon qui les chauffera, du vêtement qui les couvrira, du toit sous lequel, plus fortunés que Jésus-Christ, ils reposeront leur tête. Combien nous coûtent qui ne rapportent rien !... Loin d'être une exception, ils finissent par devenir la règle ; non contents de nous sucer, ils nous briment. C'est intolérable et cela ne peut durer. On pourrait réduire leur nombre ; on n'en fait rien ;

ils constituent des groupes importants d'électeurs et leur crainte, qui commence par être la folie de l'élu, devient, on ne sait pourquoi, celle de la collectivité. Ils sont 180.000 nouveaux. Demain, en les dénombrant, on en trouvera 250.000 Quelle superfluité ! que de mâchoires attelées à ronger le budget ! C'est en vain qu'aux tribunes les plus officielles on proclame leurs méfaits. Ils font comme le nègre : ils continuent. Ils ont les épaules solides et peuvent en supporter bien davantage.

M. Japy vient de prononcer au Sénat :

La flotte marchande a coûté plus de 340 millions ; la perte sera de 300 millions. Les P. T. T. ont coûté en 1920 près de 600 millions, et jamais le service des postes n'a été aussi mal fait.

Le déficit de tous les réseaux de chemins de fer est de 5 milliards, dont plus d'un milliard pour le réseau de l'Etat. Le traitement du personnel des chemins de fer est passé de 700 millions en 1913 à plus de 3 milliards en 1920.

La liquidation des stocks de guerre a été faite d'une façon désastreuse ; seuls, quelques mercantis en ont profité.

Dans nos arsenaux, on ne travaille que six heures et l'on est payé pour dix heures de travail. On gaspille ainsi chaque année plus de 200 millions.

Le monopole des essences a abouti à ce résultat que l'essence coûte en France 1 fr. 25, alors qu'en Belgique, elle ne vaut que 0 fr. 90.

Notre politique du change est telle, qu'elle a amené l'industrie et le commerce à faire malgré eux de la spéculation.

Nos monopoles ont un rendement absolument insuffisant. La théorie socialiste de l'étatisme a coûté à la France des milliards, et une sérieuse enquête sur l'arsenal de Roanne nous montrera comment l'Etat entend l'industrie.

M. Japy en a dit bien davantage. Qui s'en émeut ?... Comment veut-on que la situation s'améliore ?... Quel ministre oserait affronter la tourmente que les parasites, à eux seuls, peuvent créer ?... Les pucerons qui sucent la sève de l'arbre national peuvent, à un moment donné, devenir des microbes virulents, capables d'empoisonner la paix sociale. Qu'on les laisse sucer !

Chacun n'a, pour tirer son épingle du jeu, qu'à sucer à sa manière. Le Commerce, l'Industrie et l'Agriculture qui fonctionnent sans vues d'ensemble, sans principes économiques, sans idées générales, avec une mentalité diminuée depuis les hostilités, ont leurs rois respectés : mercanti, stockeur ou spéculateur qu'enchantent le déséquilibre des prix et la déroute des changes. Le commerce honnête est submergé ; on le noie, on le pourchasse. Demain vivra-t-il encore ?... En voici — ils sont des tas — qui ne font plus honneur à leurs échéances ; le boutiquier ne redoute plus l'huissier ; les particuliers font volontiers ce que l'Etat ne peut pas faire encore. Le protêt évité n'est plus la sauvegarde de l'honneur d'une maison.

Le fait n'est pas particulier à la France. En Angleterre, les faillites se multiplient. A Londres la maison de fourrures la plus importante du monde a fermé ses portes, avec un passif considérable ; beaucoup plus que chez nous les industries du textile ne font plus travailler leurs ouvriers que un, deux ou trois jours par semaine, alors que dans la métallurgie et dans la mécanique le chômage est presque général. Mais l'effondrement de la maison voisine peut-il nous consoler de l'effondrement de la nôtre ?... Et, si nous pouvons être rassurés, est-ce par la généralité des craquements ?... Insensé qui oserait répondre par l'affirmative.

Si le plus grand trouble agite le monde des affaires, il n'épargne pas celui de l'argent qui est encore celui des affaires, mais des affaires, généralement, qui sont souvent d'une malhonnêteté à peine déguisée. Un directeur de grande société financière avouait récemment : « Le vaincu est à la côte, échoué sur le flanc ; quel raz de marée pourra le remettre à flot ?... » Si le naufrage n'est point définitif encore, c'est qu'il y a de l'entr'aide dans la confrérie ; mais les étais bientôt ne seront ni assez solides, ni assez nombreux.

Du reste, le vrai signe du marasme est dans l'éclosion des succursales à tous les coins de rue et dans le foisonnement des firmes nouvelles, melangées aux firmes anciennes. La multiplication du jeu n'est point l'attestation du travail.

### Abaissement du niveau général de la mentalité

Et la consommation, qu'en fait-on ?... Quelle idée a-t-elle de son importance ? On n'en tient aucun compte, car, si elle est importante, elle ne compte tout de même pas. Le consommateur demeure le roi-fainéant par excellence. Sans doute il le sera toujours. Lui aussi, en général, quelle que soit la branche dans laquelle il opère, a négligé d'envisager l'intérêt général en lui subordonnant son intérêt particulier. Et voilà pourquoi, sans doute, il a si peu soutenu les organismes qui travaillaient pour lui, avant de travailler pour eux : coopératives et maisons à succursales qui relèvent des mêmes principes, poursuivent, quoi qu'on en dise, des buts analogues et mettent en pratique les meilleurs moyens de diffuser dans le public la connaissance du prix des choses, en pratiquant des méthodes nouvelles supprimant l'intermédiaire.

C'est à cause de cet état d'anarchie que la production reste non seulement inorganisée, mais qu'elle plonge dans le chaos; qu'elle ne prétend servir que ceux qui s'y livrent ; qu'elle n'étudie pas les moyens de satisfaire « tout le monde » dans la plus large mesure, et qu'enfin les facilités et les encouragements lui sont refusés, même et surtout quand elle a conscience de sa destinée naturelle, et que ses efforts ou ses sacrifices sont dictés par cette conscience.

Il apparaît donc clairement que la mentalité d'en bas est inférieure et qu'elle doit être changée plus radicalement encore, si possible, que la mentalité d'en haut.

C'est parce que cette mentalité, profondément défectueuse, ne s'est pas encore améliorée que les actions de travail, « ou tout autre moyen tendant au même but », ne se sont pas généralisées dans tous les organismes producteurs ou répartiteurs ; c'est aussi pour cela qu'il est si difficile aux gens sans capitaux de parcourir dans la vie le chemin qui devrait leur être réservé ; c'est pour cela encore que le contrôle des entreprises leur échappera demain comme il leur échappa hier.

Pauvre mentalité que la guerre et que la paix que nous subissons ont tant amoindrie !... C'est à cause de sa médiocrité que le populo, taillable et corvéable tout comme sous l'ancien régime, reste fait pour les Administrations publiques, alors qu'il semblerait juste que les Administrations publiques :

chemins de fer, postes et autres, fussent créées pour lui. C'est seulement quand elle évoluera que les organismes officiels et les services divers seront mis, comme il convient, au service du commerce ou de l'industrie, pour leur prospérité et le plus grand bénéfice de la consommation ; que les transports quels qu'ils soient, — ceux de la matérialité comme de la pensée, — n'apparaîtront plus comme la chose qui doit tout d'abord être profitable aux transporteurs, mais aux choses qu'ils transportent, de façon que la circulation des produits de la terre, de la manufacture ou de l'esprit, comme celle des individus, soit de plus en plus facile, de plus en plus rapide, de plus en plus sûre, de moins en moins onéreuse. Alors, au lieu de nous contenter de fonctionnaires routiniers, d'un outillage désuet, nous exigerions, de la force de nos trente-huit millions de volontés, d'avoir des fonctionnaires zélés et capables ainsi qu'un outillage national sans cesse amélioré, c'est-à-dire des canaux assez larges pour nos péniches, et la navigation, les voies ferrées, les sources d'énergie qui conviennent à un grand pays.

Hélas ! nous n'en sommes pas encore là.

Et si nous en étions là, nous devrions nous demander :

— Mais où prendre l'argent ?

# Notre situation financière

— Où prendre l'argent ?

— C'est si simple de trouver de l'argent, disent quelques bons esprits ; mais on n'a qu'à en fabriquer.

— C'est une solution un peu simpliste ; ce serait, en tout cas, plus facile que d'aller le chercher là où il se trouve.

— Où se trouve-t-il ?

— Ah ! voilà. Ecoutez-moi bien.

A un moment donné on pouvait en trouver dans la poche de tous les profiteurs de guerre. On n'a pas voulu leur causer de peine, même légère, et comme l'occasion a des ailes, elle s'est envolée et ne reviendra plus... On pouvait en trouver par l'emploi de mesures énergiques, adéquates à la situation :

1° Dans la suppression de tous les gaspillages, d'ordre guerrier, notamment ;

2° Dans la revision sévère des marchés de la guerre et le remboursement des profits abusifs ;

3° Dans la perception stricte des impôts ;

4° Dans la participation financière de l'Etat dans les commerces et les industries suffisamment concentrés ou sans risques ;

5° Dans la mise en régie intéressée des chemins de fer, des Compagnies de navigation maritimes et fluviales, des P.T.T., des mines diverses, des forces hydrauliques, des carburants, des raffineries et de l'alcool, des assurances, des banques, etc.;

On ne l'a pas voulu. On a préféré pratiquer la routine et l'empirisme, se vouer à tous les périls de profonde anarchie, — peut-être à la banqueroute. N'insistons pas.

La mise en valeur de nos Colonies pouvait être un sérieux appoint.

Voulions-nous vendre des huiles ?... Nos palmiers nous en offraient partout, jusqu'à Tahiti. Les arachides, les sésames, les ricins croissent abondamment sur nos terres lointaines.

Voulions-nous vendre du thé, du cacao, de la vanille, de la canne à sucre, des épices variées autant qu'excellentes ?... Nous n'avions qu'à choisir ; l'Afrique nous ouvrait ses espaces ; nos possessions de l'Amérique nous ouvraient les leurs.

Voulions-nous vendre du maïs, des ignames, des patates, du manioc, du tabac ?... Nous n'avions qu'à tendre les mains, l'Algérie nous en eût offert volontiers ; la Guyane en eût été prodigue.

Voulions-nous vendre de la viande ?... Le Sénégal et Madagascar apportaient la contribution de leurs troupeaux.

Etaient-ce des textiles que le monde réclamait ? du coton ? du jute ?... Nous n'avions qu'à ne pas les laisser perdre. Des plantes à papier ?... Nous n'avons jamais tenté d'utiliser le moucou-moucou de l'Amérique du Sud que les Anglais, pourtant, connaissent si bien.

Désirait-on du caoutchouc, de la gutta, toutes les gommes, toutes les résines, cinq cents espèces de bois durs et précieux dont une seule rendrait milliardaires des marchands du faubourg Saint-Antoine ?... Il n'y avait qu'à s'adresser à la France équatoriale.

Nous avons préféré ne rien vendre parce que nous ne sommes pas en état d'exploiter quoi que ce soit. Puis nous avons fermé les frontières étrangères à tous nos produits, même à nos vins de Champagne, à force de hérisser nos propres barrières de tarifs prohibitifs pour ceux qui eussent rêvé, en échange, de nous avoir comme clients.

Voilà. Et l'Or ?...

## Nous pouvions même trouver de l'or

Nous pouvions même, après avoir augmenté les réserves monétaires que la Banque de France a dans ses caves, en céder à l'étranger, — à ceux qui n'en ont plus. Nous le pouvions parce que nous avons des Colonies dont la richesse est incroyable, mais réelle. Ces sources du Pactole, avons-nous tenté quoi que ce soit, pour élever d'un atome leur rendement?

« J'ai eu, dit M. Albert Lebrun, ancien ministre des Colonies, la curiosité de rechercher quelles quantités de ce métal précieux avaient été exportées de nos colonies. Elles se traduisent en kilogrammes : de 1906 à 1915 : 6.918, 7.442, 8.705, 7.264, 7.033, 6.646, 5.728, 4.764, 5.856... On peut presque affirmer qu'il n'a pas été fait d'efforts vigoureux pour galvaniser cette production si intéressante dans le temps présent. »

M. Albert Lebrun ajoutait :

« Bien des tonnes de ce métal dorment encore dans les placers du Maroni et de l'Aprouague... N'aurait-on pas dû au moins doubler la modeste production du temps de paix ?... »

J'ai répondu à M. Albert Lebrun :

« Le Maroni, l'Aprouague et l'Oyapock sont en Guyane. Ils continuent à rendre environ 400 kilos par mois. Ce qu'ils donnent n'est rien, comparativement à ce qu'ils pourraient donner. Il n'y a qu'à vouloir... Mais pour vouloir, il faut savoir. Vous aviez chargé, lorsque vous étiez ministre, un explorateur, d'une mission là-bas. Lorsqu'il est rentré, en 1915, il avait reconnu des placers d'alluvions d'une richesse inouïe. Veut-on l'entendre ?... »

On n'a pas voulu l'entendre ; c'est moi qu'on a entendu, solennellement, à la Commission des Missions, présidée par M. Duchêne. C'est moi que l'on voulait, par la suite, charger d'une nouvelle mission de contrôle, là-bas, en m'accordant en tout et pour tout, puisque nos caisses sont vides, la somme totale de 1.800 francs.

Je n'ai jamais répondu à la lettre que le ministre d'alors, M. Henry Simon, a bien voulu m'adresser. Sotte proposition ne mérite pas un mot — même pour accusé de réception.

Nos finances sont malades ; tant pis pour elles ; tant pis

pour nous. Mais ce n'est point une raison pour ne pas tenter d'apporter un remède au mal, même si le mal devait être sans remède.

Et après tout, nos finances sont-elles si malades qu'on veut bien le dire ?... Le Français qui a la foi robuste, est, en général, certain que tout s'arrangera. Cet optimisme louable en soi a permis jusqu'à ce jour les dépenses extravagantes, la ruée à l'assaut du porte-monnaie de l'Etat, qui est aussi le nôtre ; il a évité l'étude et la mise en vigueur des mesures citées au début de ce chapitre et qui eussent revêtu pour le bon public qui ne voit pas plus loin que le bout de son nez, un caractère révolutionnaire ; il a laissé accumuler les dettes et multiplier les emprunts, ce qui est tout comme ; il a maintenu l'inflation fiduciaire dont on a pourtant dit tant de mal ; il a permis la rémunération un peu abusive des bons de la Défense, boulet à chaque heure alourdi, que notre Trésorerie boiteuse traîne aux pieds ; il a ouvert l'ère des déficits aussi illimités qu'inconnus. En revanche, s'il a une grande part dans notre progressive atrophie économique, il fait de nous un peuple de rentiers qui tire douloureusement d'une poche ce qu'il rentre joyeusement dans l'autre.

### D'hier à demain

Peut-on comparer les situations fameuses dont nous entretient l'histoire, avec celle d'aujourd'hui ? Il y a cent trente ans, en apparence du moins, les millions de dettes pesaient davantage que les milliards du temps présent. Ils ont culbuté l'ancien régime ; celui qui est le nôtre se trouve consolidé, au moins provisoirement, de par l'universalité d'une situation, non plus accidentelle, mais catastrophique.

Le pauvre Necker n'aboutissait pas à réaliser des emprunts de 50 millions ; le malheureux Louis XVI, pour trouver 440 millions, envisageait un délai de quatre ans ; la Banque de France du moment, qui s'appelait Banque d'Escompte, était créancière de l'Etat pour 155 millions ; les crédits extraordinaires s'élevaient, pour dix-huit mois, à 160 millions. Et c'était l'abîme. On comprend le désarroi du monde de l'économie politique, alors qu'à elle seule, la Ville de Paris doit sept milliards, que l'Etat est débiteur de la Banque de France pour 35 milliards, que les crédits extraordinaires pour un an se chiffrent aussi par des milliards ajoutés à des milliards. Il n'y a plus rien de positif dans la science financière devenue une science extravagante à laquelle pas un ministre des finances lui-même ne connaît quelque chose. On a l'air d'être emporté dans un tourbillon ; d'intangibles poussières aveuglent ; reste à savoir s'il n'enlèvera pas le toit de la maison, bien que ce toit présentant des fissures, résiste depuis longtemps déjà.

L'optimisme dit non. Et c'est ainsi que nous dépenserons cette année 58 milliards avec une recette de vingt-deux. L'an prochain, sans doute dépenserons-nous 65 milliards avec une recette de quinze, car dans le marasme des affaires, la matière imposable s'évanouit. Le chômage, plaie mortelle que nous traînons au flanc, s'étend de ville en ville, de pays à pays. Des masses énormes semblent vouées à la misère, à la famine, tandis que quelques privilégiés peuvent encore vivre sans trop de soucis ; les classes moyennes déjà sont atteintes terriblement ; le petit bourgeois est devenu un prolétaire, en attendant le tour de ceux qui s'estiment présentement encore davantage, à la faveur de placements aléatoires dont les amertumes leur apparaîtront par degrés jusqu'à la consommation de la lie qu'ils trouveront au fond du calice.

## La Finance sans chiffres !

Quel est le chiffre de notre dette ?

Quel est le chiffre de nos charges ?

Quel est le chiffre de notre fortune ?

Personne qui puisse répondre. Il n'y a pas deux évaluations qui se ressemblent.

La dette publique égale-t-elle la fortune publique ?

Comment pourrions-nous répondre, puisque nous ne connaissons ni ceci, ni cela ?

On peut tout de même poser une question :

Si un commerçant, un agriculteur, un industriel avaient des hypothèques sur leur maison et sur leur bien, pour une somme supérieure à la valeur de la maison ou du bien, pourraient-ils se libérer ?

— Oui ! si les affaires allaient bien.

— Mais si les affaires allaient mal... très mal ?

— Elles s'arrangeront.

— Mais si elles ne s'arrangent pas ?

Si elles ne s'arrangent pas, peut-on dire à l'optimiste : il faudra bien, un jour, que l'histoire se renouvelle ?...

Le Roy informait le public, un beau matin, qu'il ne payait pas le quartier, c'est-à-dire le trimestre courant. Et, comme cela arrivait assez fréquemment, Boileau pouvait écrire :

*— ...plus pâle qu'un rentier*
*A l'aspect d'un arrêt qui retranche un quartier.*

— Allons donc ! c'est comme si l'on disait qu'on verra un nouveau Philippe le Bel mêler du plomb à l'or de ses creusets !

— Eh ! votre papier vaut-il mieux ? il est remboursable en espèces ; c'est écrit dessus. Allez donc les chercher, les espèces !...

— Que m'importe, tant qu'avec ce papier j'aurai ce qu'il me plaît d'avoir ?

L'argument est péremptoire. Mais l'optimiste, tout de même, sait bien que ce papier qui vend mille fois l'or en réserve, on ne peut pas le multiplier indéfiniment, sous peine de vendre dix mille fois, cent mille fois, un million de fois l'or en réserve. Nous sommes dans les cercles vicieux et la situation pèse sur nous comme un couvercle de tombeau pèserait sur un vivant.

Alors ?

Alors, il n'y a plus qu'à consulter les oracles. Fera-t-on banqueroute ?... Si l'Allemagne paie, serons-nous tirés du pétrin ?... Faut-il mettre en marche les rotatives bancaires ?...

Il y a là un problème urgent à poser. Tout le monde doit

être d'accord là-dessus. Déjà le *Temps*, profitant de la conférence de Cannes, demande que soit entreprise une vaste opération internationale de crédit. « Elle apparaîtrait, dit-il, comme la liquidation finale de la période de guerre, et elle procurerait aux nations ravagées, ainsi qu'à l'Allemagne elle-même, les disponibilités qui sont indispensables pour éviter de nouveaux malheurs. Nous enregistrerons avec gratitude tous les sacrifices que l'Angleterre fera, en attendant, pour améliorer la situation financière de ses alliés, mais nous persisterons à attirer l'attention de nos amis britanniques, et de nos amis américains, sur la nécessité absolue d'un grand emprunt. »

Puisque nous n'en sommes encore pas là, Oracles, parlez-nous !...

Et tout d'abord, vous, M. Vincent Auriol, vice-président de la Commission des Finances à la Chambre ; vous dont on vante la probité, la documentation, l'expérience et la pondération d'esprit, expliquez-nous, plus clairement que je ne l'ai fait, où nous en sommes, et vous terminerez en consultant ceux que nous devrions être fondés à considérer comme les médecins de la maladie financière que nous traversons.

Que nous répondront-ils ?...

---

# M. Vincent Auriol a la parole

A l'heure où j'écris ces lignes, nous sommes au cœur du débat financier qui depuis quelques jours se poursuit à la Chambre (1).

Je ne peux encore prévoir quelle en sera l'issue. Ce que je peux toutefois affirmer, c'est que les voiles se déchirent, qui cachaient, jusqu'ici, la vérité au pays. La « question financière » est maintenant à nu : il va falloir la recouvrir des solutions réchauffantes. Mais c'est déjà un vrai progrès, que nous soyons d'accord sur les données du problème, sur sa gravité, sur son ampleur !

Ce que je peux affirmer encore, c'est que nous sommes un certain nombre à ne pas vouloir nous satisfaire d'un ordre du jour vague et sans effet, d'un simple vote ministériel ou antiministériel. En un tel débat, les fadaises politiques comme celle-ci : « La Chambre, confiante dans le Gouvernement, et « approuvant ses déclarations, passe à l'ordre du jour », ne peuvent que donner des nausées et aggraver le mal.

Le pays doit exiger et, en tout cas, mes amis et moi nous exigeons que, dans son ordre du jour, la Chambre indique clairement les solutions qu'elle a choisies et qu'elle veut appliquer.

Jusqu'ici, on s'est gargarisé de grands mots ; on s'est grisé

(1) Ce document préparatoire à l'enquête financière de **La France Active** a été publié dans son numéro de novembre 1921.

de belles illusions ; on s'est laissé vivre dans des rêves d'or ; et l'on empruntait pour nourrir le rêve. Ainsi, un commerçant va à la faillite ; ainsi, une nation.

Maintenant le pays connaît la vérité ; il voit le gouffre que l'imprévoyance optimiste a créé ; il voit la situation du débiteur, l'état d'esprit de nos co-créanciers, l'état économique de l'Europe et du monde. Il connaît déjà les raisons et les remèdes que nous avons apportés, en formules pratiques et en textes clairs, à la tribune du Parlement. Il ne tardera pas à voir si la majorité dirigeante et le Gouvernement responsable ont, eux aussi, un plan de salut, un programme financier et économique.

*Le pays sera ainsi appelé à juger. Et pour ma part, je me féliciterais que, dans une libre Tribune ouverte à tous ceux qui travaillent et qui produisent, cette revue d'activité intellectuelle ouvrît une enquête sur les trois principales données du problème financier qui domine la situation économique de la France et aussi du monde !*

## I. — Equilibre budgétaire

J'ai fait à la Chambre cette démonstration (qui n'est plus contestée), que le « *déficit normal et annuel de nos budgets normaux sera dès la fin de 1922, de cinq milliards au moins* », déficit qui va s'aggravant, chaque année, des arrérages des emprunts qu'on émet pour payer les pensions militaires et reconstruire les régions dévastées.

J'ai fait également cette démonstration ici-même il y a deux mois. J'ai dit comment cette année on tient compte de ressources extraordinaires (produits des stocks et contribution sur les bénéfices de guerre), qui disparaîtront avec les derniers jours de 1922. Et les chiffres que j'avais produits dans mes articles sont, à peu de chose près et compte tenu des dernières décisions de la Commission des Finances, ceux qui ressortent du débat en cours, comme étant l'expression de la vérité !

Il faut remarquer que ces budgets ordinaires comportent près de 13 milliards pour le service de la dette, plus de 4 milliards pour les dépenses militaires, et que rien ou presque rien n'est prévu pour l'outillage national, les œuvres d'expansion économique, les instruments nationaux de production (routes, canaux, ports, etc.) ni pour les grandes œuvres sociales.

Dans mon dernier article, j'ai montré l'inefficacité ou du moins la puérilité financière de certaines économies : et j'ai indiqué que c'est seulement sur les grosses dépenses militaires que l'on pouvait économiser, par une réorganisation simple et puissante de notre armée, désormais identifiée avec la nation, passant peu de temps en caserne, adaptée à notre situation financière et en même temps à une politique d'entente et de coopération internationales.

Du côté des recettes, j'indique d'un mot, et j'indiquerai plus longuement, comme je l'ai fait devant la Chambre, par quels moyens l'on pourrait obtenir 2 ou 3 milliards de recettes nouvelles *sans augmentation d'impôts* (car je me refuse avec mes amis à toute augmentation nouvelle *de taux*) mais par une meilleure assiette, un contrôle plus efficace, la rentrée stricte des impôts existants et l'application de nos lois fiscales aux titres d'Etat ou autres titres au porteur qui échappent à toute déclaration et au paiement de l'impôt général sur le revenu.

Tout cela est possible avec une réorganisation des services financiers et une simplification robuste des rouages et des organismes fiscaux.

Je ne fait qu'*indiquer* ces solutions.

Mais je pose à nouveau le problème à tous les citoyens français.

1° COMMENT, PAR QUELS MOYENS NORMAUX ET PRÉCIS COMBLER LE DÉFICIT NORMAL ET ANNUEL DES BUDGETS, SOIT 5 MILLIARDS AU MOINS, SANS ÉCRASER D'IMPOTS LA PRODUCTION ET LA CONSOMMATION FRANÇAISES ?

2° NE PLUS ROMPRE L'ÉQUILIBRE.

Une fois l'équilibre établi par ces cinq milliards nouveaux provenant soit d'économies qu'il conviendra à chacun d'indiquer et *de chiffrer*, soit de recettes nouvelles qu'il faudrait obtenir sans écraser le contribuable de bonne volonté par des taux nouveaux et excessifs, comment faire pour ne pas rompre cet équilibre ? Si l'on emprunte pour couvrir n'importe quelle dépense, on alourdit le service des intérêts ; on crée un déficit nouveau.

Mais, d'autre part, même si l'Allemagne, non seulement *veut*, mais *peut* payer ; si l'effondrement du mark ne la conduit pas à la faillite monétaire ; si cette faillite ne compromet pas sa situation économique, hier prospère, mais aujourd'hui déjà handicapée par la diminution des exportations dans les pays à devises dépréciées, pays sursaturés de ses produits, et aussi dans les pays à monnaie saine, pays abrités maintenant derrière leurs murailles douanières ; même si tout se rétablit, si le traité de Versailles s'applique, il faudra emprunter pour parfaire les sommes nécessaires au paiement des pensions et à la reconstruction des cités détruites : huit milliards par an, si l'Allemagne *veut* ou *peut* payer ; quinze milliards, si elle est en faillite.

## II. — CONSOLIDATION DE LA DETTE FLOTTANTE

*Comment faire pour trouver cette somme anuelle, pendant dix ans au moins*, si l'on songe qu'il faudrait, au dire du

Gouvernement, *emprunter aussi, pour consolider notre dette flottante de 70 milliards* (non compris les avances de la Banque de France), alors que les commerçants, les industriels, le peuple actif de France ne peuvent trouver déjà sur un marché épuisé, les fonds nécessaires à la vie économique de la nation ?

Emprunter encore, c'est tarir la sève de la production, et c'est vider aussi, grâce aux arrérages nouveaux à servir aux nouveaux rentiers, exempts d'impôts, les poches des contribuables ; c'est, par un double procédé, ruiner le pays.

Comment faire ? Nous, nous avons répondu à cette question — et je développerai ici également cette solution — en disant qu'il convient de se faire *payer en matière et en main-d'œuvre* afin de reconstruire vite ; pour le surplus en espèces, aider l'Allemagne à contracter un emprunt international gagé sur ses biens séquestrés d'Amérique dont la valeur est de un milliard et demi de dollars. Par cet emprunt, elle améliorerait et relèverait son change ; par les devises qu'en partie et progressivement elle nous céderait, et que nous transformerions en francs, elle soulagerait notre marché et notre trésorerie. Enfin, par un contrôle *international* des valeurs qui, *partout*, chez elle, chez nous, en Italie, en Espagne, etc., échappent au fisc, nous pourrions améliorer, et la situation monétaire et le rendement fiscal dans les pays intéressés.

En tout cas, si on rejette ces solutions, la seconde question qui se pose reste la suivante : « *Le budget étant en équilibre, comment faire pour ne plus emprunter, alléger le marché et couvrir en même temps les 10 à 20 milliards de dépenses exigées par le service des Pensions et des Réparations ?*

## III. — Amortissement de la dette

Enfin, nous traînons une dette intérieure de 240 milliards (je me refuse à compter la dette extérieure pour la raison qu'il nous est impossible de la payer, sans ruiner la France qui la doit et encore plus les alliés à qui elle est due).

Allons-nous traîner ce boulet de 240 milliards, alors que les voisins, puissants concurrents économiques, amortissent leur dette à tel point qu'en 20 ou 25 ans, Angleterre et Amérique l'auront éteinte ?... En ce cas, ces pays diminueront peu à peu leurs charges annuelles d'intérêts, leurs prix de revient, le poids de leur consommation, les entraves de leur production. Et nous ? aux producteurs de ce pays de réfléchir, de calculer, de dire si, dans ces conditions, ils ne seront pas broyés par la concurrence.

*Il faut amortir. Comment ? Par quels moyens ?*

Nous, nous disons qu'il y a, par rapport à 1914, une excroissance *artificielle* de la fortune ; que le capital national d'avant-guerre s'est accru, QUANTITATIVEMENT mais non *qualitativement ;* et que sur ces excroissances on peut, avec toutes les précautions antiseptiques nécessaires, faire des amputations dont le malade se trouvera mieux. Prélèvement *unique* de 1/10 par exemple sur toute fortune ; moyens faciles et délais possibles de paiement ; crédits hypothécaires et ouverture du marché de la rente pour alimenter ces crédits ; légère émission de billets pour ranimer la circulation et faciliter l'opération : cela ragaillardirait le marché, assainirait la monnaie, diminuerait le poids de la dette, diminuerait ainsi nos charges annuelles, apurerait notre situation financière, raffermirait notre crédit à l'étranger.

En tout cas, la question reste : *pour ne pas mourir sous le poids de la dette, en face de concurrents chaque jour allégés, comment et par quels moyens l'amortir ?*

Ainsi, les trois questions vitales pour l'existence de notre pays et que je serais heureux de voir chaque Français étudier et résoudre, sont *nettes*, impératives, inexorables :

1° *Equilibrer le budget* en déficit de cinq milliards.

*Ne plus gonfler ce budget par des emprunts nouveaux,* sous peine de voir un jour craquer l'édifice, *et pourtant reconstruire vite les régions dévastées.*

2° *Consolider la dette flottante de* 70 *à* 80 *milliards, dont le remboursement rapide et imprévu risquerait d'être désastreux.*

3° *Amortir une dette publique, dont le poids alourdit et écraserait toute la machine économique, en face de concurrents qui s'en dégagent chaque jour.*

A ces questions, mes amis socialistes et moi nous avons répondu par des solutions précises — que je viens d'indiquer rapidement mais que j'ai complètement développées devant la Chambre et sur lesquelles je reviendrai.

Si l'on nous chicane sur des modalités d'application, nous sommes prêts à l'étude de modalités nouvelles.

Si l'on rejette ces solutions, que l'on nous en présente d'autres.

Mais on ne peut en aucun cas résoudre ces angoissants problèmes en s'en éloignant avec terreur !

J'interroge tous ceux qu'intéresse la question :

Que pensent-ils ? Que proposent-ils ?

---

*L'importance de notre enquête n'a échappé à personne, et de toutes parts le questionnaire de M. Vincent Auriol nous a valu des réponses.*

*Au Parlement, ce sont MM. Louis Dausset et de Kerguézec, sénateurs, et parmi les députés : M. Adrien Dariac, Président de la Commission des Finances ; M. Pierre Evain, Président de la Commission des Comptes définitifs ; MM. Léon Barbé, Taittinger, Georges Mandel, Edouard Barthe, Paul Bénazet, Paul Aubriot, Pierre Forgeot et Georges Noblemaire.*

*Dans la presse et dans les chaires de l'Université, ce sont MM. Francis Delaisi, M. Ernest Tisserand, M. Georges Bonnet, M. Jean Labadié, M. Jean Lescure, professeur à la Faculté de Droit de Bordeaux, et M. Georges Valois, professeur à la Faculté de Droit catholique de Paris.*

*Enfin, ce sont des commerçants et des industriels tels que MM. Emile Delfort, Ormières, Rouhard, Guichard-Perrachon, R. Delhaize, Fournier-Olida, Dumont, M. Samson.*

*Nous publions leurs réponses selon l'ordre ci-dessus, nécessité par l'objet même qu'ils ont particulièrement traité.*

# Opinions de Parlementaires
# de Techniciens
# et de Juristes

# M. Louis Dausset

*Sénateur de la Seine*

*Ancien Président du Conseil Municipal de Paris*

« Mais ce problème ardu n'est peut-être rien à côté de celui que soulève celui de la Trésorerie et des dépenses recouvrables. Ne l'oublions pas, l'Etat, l'an dernier, a eu besoin d'un fonds de roulement de 55 à 58 milliards. Il se l'est procuré, non sans habileté, par des moyens variés, ingénieux et divers. Aujourd'hui, voici l'emprunt de la grosse Métallurgie, hier c'était encore un emprunt du Crédit National, avant-hier l'émission des Bons du Trésor à deux ans, et toujours, à tous moments, celle des Bons de la Défense Nationale. Mais cela, c'est une politique d'emprunts. Il en faut trouver une autre, qui ne consiste pas à faire grossir éternellement, au budget, le chapitre du service de la dette.

« Je tiens pour admis, bien entendu, que l'Allemagne remboursera les avances que la France lui consent, c'est-à-dire les sommes énormes qu'elle paie par intervention pour faire face au service des pensions et pour procéder aux réparations. Car si l'Allemagne ne faisait pas face à ses engagements, ce ne serait peut-être pas la peine de beaucoup discuter sur la question budgétaire : la France ne peut pas se rétablir si l'Allemagne se dérobe.

« Je ne parle, par contre, de la dette extérieure, que pour ne pas en parler. Il est de toute évidence qu'il est impossible à la France d'envisager, pour le moment, le paiement d'une autre dette extérieure que celle qui est de l'ordre commercial : dette aux banquiers étrangers, dette des stocks. S'il fallait tenir compte, dans nos calculs, de la dette contractée envers les alliés pour mener la guerre à bonne fin, nous aurions à nous préoccuper d'une somme de plus de 450 milliards, au total, qui représente peut-être plus que la France ne possède.

« Pour me résumer, j'estime donc que la France doit procéder à une réforme financière intérieure de grande envergure afin de diminuer les dépenses improductives et d'augmenter, au moins légèrement, celles qui favorisent la production. Là-dessus, je ne vous indiquerai ni chiffres, ni moyens. Les chiffres sont d'un tel ordre de grandeur qu'ils ne sont jamais vrais, qu'ils changent, pour ainsi dire, du jour au lendemain. Les moyens, je n'ai pas à les indiquer. C'est une question de politique intérieure et extérieure, de tactique économique, en un mot une question de gouvernement.

« Mais il y a deux nécessités que ne devra pas négliger toute politique financière réalisatrice : 1° faire payer l'Allemagne ; 2° consacrer le principe de la solidarité internationale. »

Allié ou ennemi d'hier, l'étranger entendra-t-il les paroles de M. Louis Dausset ? Voilà bien encore une question de gouvernement.

*
* *

*Dans la nuit du 30 décembre dernier, M. Louis Dausset a prononcé un discours très important et très significatif, dont l'interview que nous avons publiée dans le numéro de la* France Active, *donnait succinctement la primeur à ses lecteurs. Voici maintenant l'essentiel de ce discours :*

Les plus optimistes peuvent-ils escompter au cours de l'année qui arrive, précédée de si lourds nuages, des événements tellement heureux et une telle prospérité, qu'un accroissement inouï des recettes de toute nature vienne, comme par miracle, couvrir l'insuffisance déjà constatée du nouveau budget ?

Même si cette chance nous était réservée, ces ressources supplémentaires auraient bien de la peine à compenser les vides creusés par la disparition progressive du produit des bénéfices de guerre et de la liquidation des stocks. Le déficit est donc une réalité que nous n'avons pas le droit de dissimuler à l'opinion. (*Très bien !*)

Si j'ajoute que, sur un total d'environ 24 milliards et demi, défalcation faite du service de la dette publique, des dépenses militaires et du traitement des fonctionnaires, il ne reste même pas 4 milliards pour l'entretien national, l'outillage, les grands travaux, l'hygiène, et l'immense programme social pourtant si urgent auquel je faisais allusion tout à l'heure, vous serez tous d'accord pour penser que le budget de 1922 lègue au budget de 1923 une bien lourde succession. (*Très bien !*)

En résumé, Messieurs, le vote au 31 décembre 1921 de ce budget, si imparfait qu'il puisse être, constitue une mesure excellente en soi, mais qui ne produira pas tous les effets qu'on aurait pu en attendre, par suite du caractère un peu trop exclusivement rituel du débat qui l'a préparé. En tout cas, je ne crois pas me tromper si j'affirme que le Sénat ne se prêtera pas deux fois à une semblable procédure. (*Vifs applaudissements.*) Il appartiendra au gouvernement de lui faciliter désormais sa tâche et de lui permettre, dans une matière aussi délicate, d'accomplir tout son devoir, comme il entend le faire, c'est-à-dire, suivant des expressions que je retrouve constamment sous la plume de M. le ministre des finances lui-même et de notre rapporteur général, en toute loyauté, en toute sincérité, en toute clarté. (*Très bien! Très bien!*)

Afin d'être fidèles à ces principes, ne laissons pas croire au pays, messieurs, que pour avoir réussi à voter dans cette avant-dernière nuit de l'année le prochain budget, nous avons restauré les finances nationales, et que nous avons fait, comme je l'ai lu quelque part, une œuvre de salut public. (*Approbation.*) Soyons plus modestes et ramenons cet épisode à ses véritables proportions. Disons, au contraire, bien haut, que le budget de 1922 n'est qu'une très faible partie du problème financier de l'heure présente. Alimenter la trésorerie, faire face à tous les engagements de l'Etat, reconstituer les régions dévastées, aménager notre dette, mettre fin, si cela est possible, aux emprunts, faire exécuter à la lettre l'état des payements de Londres, voilà ce qui reste à faire ; et l'économie d'un douzième provisoire ne saurait, à mon humble avis, apporter une solution quelconque à ces problèmes d'où dépend le sort de la France.

Vous l'avouerai-je, messieurs ? En lisant, dimanche dernier, le rapport général, j'augurais mieux de cette fin de session, pour un libre et large examen de notre situation financière, et aussi pour la clarté budgétaire des débats publics. Que disait, en effet, l'honorable M. Henry Chéron au début de ses considérations générales ?

Je ne saurais mieux faire, en terminant, que de citer de lui un très beau passage d'où se dégage une admirable leçon :

« Dire la vérité au pays, écrit-il, constitue le meilleur moyen de la bien connaître nous-mêmes et de nous pénétrer des devoirs qui s'imposent. Ici tous les problèmes sont liés à la dette publique : le fonctionnement de la trésorerie, l'exécution des obligations de l'Allemagne, les besoins généraux de reconstitution du pays. Un budget qui serait établi dans l'ignorance ou la méconnaissance de ces éléments essentiels ne constituerait qu'une page vide de réalité, un geste destiné à dissimuler, sous l'apparence d'un fonctionnement régulier de la machine administrative, l'aggravation d'un état de choses dont il faut sortir à tout prix. Et c'est pourquoi le Sénat, qui n'a pas l'initiative financière, mais qui n'en comprend que davantage l'étendue de son rôle et de ses responsabilités en matière de contrôle, a tenu à examiner une fois de plus, non pas isolément, mais à la lumière de tous les faits, le projet de loi fixant les recettes et les dépenses de l'exercice 1922. »

Messieurs, l'événement a donné un démenti quelque peu ironique à notre éminent rapporteur général. Retenons néanmoins cette éloquente déclaration pour en faire notre programme dans l'examen du budget de 1923 ; mais auparavant, M. le ministre des Finances en a pris l'engagement, il est indispensable que le gouvernement apporte au Sénat l'exposé de sa politique financière générale ; il est indispensable que la haute assemblée constitue, dès le mois de janvier, sur la situation des finances publiques, une discussion complète et sincère, conforme à ses traditions, à sa dignité et au souci qu'elle a montré, dans les plus graves circonstances, des intérêts du pays.

---

# M. de Kerguézec

*Sénateur des Côtes-du-Nord*
*Président de la Commission de la Marine*

---

Il m'apparaît qu'à la base de toute chose se trouve tout d'abord la nécessité d'avoir des budgets sains, c'est-à-dire des budgets qui ne contiennent pas à chacun de leurs chapitres des gaspillages et des dilapidations.

La méthode employée cette année est la plus détestable qui soit. Sous prétexte de faire vite pour éviter les douzièmes provisoires, non seulement on n'a pas laissé au Parlement le temps d'étudier le budget, mais encore celui d'y introduire les modifications qu'il savait nécessaires. En réalité, le Parlement n'a une réelle action sur la chose publique que pendant la discussion du budget. Le reste du temps, c'est l'oligarchie bureaucratique qui gouverne. Tous les ans, nous verrons se renouveler cette grande escroquerie nationale qui consiste à présenter le budget avec assez de retard pour qu'on soit acculé à la même faillite parlementaire. Pas de douzièmes provisoires afin de ne pas perdre le produit de nouvelles taxes... et pendant ce temps on laisse le gaspillage le plus criminel à l'intérieur des budgets !

Il faudrait que le Parlement déclarât que, quoi qu'il arrive, il n'agira plus comme il vient de le faire, car c'est une véritable abdication de la Nation et de ses droits.

Pour qu'un budget soit sain, il faut tout d'abord que chaque ministre connaisse son budget. En réalité, les trois quarts des ministres qui passent l'ignorent presque totalement. Ils défendent le budget qui leur est proposé par leurs directeurs comme un avocat plaide un dossier, mais ils en ignorent les détails, et il est extrêmement rare qu'un ministre ait fait lui-même son budget. Cela est du reste démontré par le fait qu'un ministre accepte couramment des abattements de 80 et 100 millions imposés par les commissions financières. Un budget sain ne permettrait pas de consentir à de semblables compressions.

L'ignorance des ministres est telle que j'en ai rencontré un pendant la guerre, étant rapporteur du budget de la marine, qui avait engagé des dépenses sans autorisation des Chambres ni de la Commission du budget. Ces dépenses étaient considérables. Appelé devant la Commission, le ministre tint ce langage : « Je n'avais évidemment aucune autorisation pour engager ces dépenses, mais M. de Kerguézec devrait savoir que dans le budget de la Marine dont il est rapporteur, il y a le chapitre *dépenses imprévues ;* la dépense que j'ai faite étant imprévue, elle entrait tout à fait dans ce chapitre. » Je répliquai que dans ces conditions je proposerais à la Commission de supprimer tous les chapitres à l'exception de celui des *dépenses imprévues*, à l'intérieur duquel le ministre pourrait se mouvoir tout à son aise.

Il y a plus fort. J'ai constaté qu'un certain nombre de directeurs sont aussi ignorants du budget de leur direction que le ministre lui-même, et que ce sont des employés subalternes qui font et défont les propositions budgétaires à leur gré. Si je veux rester dans le budget de la marine, je puis constater qu'en un an il serait extrêmement facile, tout en donnant à la marine plus d'activité, d'économiser deux cent millions au moins, par an. Seulement, il faudrait pour cela comprendre que la marine de la III^e^ République ne doit pas avoir la même contexture que la marine de Louis XVI ou de Napoléon I^er^. Je ne m'étendrai pas dans les détails de cette affirmation, je me contenterai de dire qu'en quelques mois une refonte complète de l'administration de la marine peut permettre une économie formidable ; mais pour qu'elle fût faite il faudrait ne tenir aucun compte ni des intérêts personnels ni des récriminations qui ne manqueraient pas de s'élever.

Je connais moins le budget de la guerre, mais j'en sais suffisamment pour affirmer qu'un travail sérieux pourrait faire baisser les dépenses de près d'un milliard. Seulement, pour cela, il faudrait opérer avec quelque énergie.

Il y a deux sortes de budgets : les budgets uniquement de dépenses, et les budgets productifs. Les budgets de dépenses devraient être très sérieusement travaillés et expurgés, et le grand effort devrait se porter sur l'organisation des budgets productifs, c'est-à-dire des budgets destinés à augmenter les moyens d'enrichissement de la nation : travaux publics, commerce, postes et télégraphes, etc... Je pense que les compressions, dans ces budgets, ne doivent être recherchées qu'avec grande modération, car rien ne serait pire que d'empêcher ce pays de faire les dépenses qui peuvent lui permettre de s'organiser pour les luttes qui vont venir.

En résumé, je suis persuadé que le déficit budgétaire peut être sinon totalement comblé, du moins fort diminué, si l'on veut se donner la peine de travailler très sérieusement la question et non pas de procéder comme on vient de le faire devant la Chambre et devant le Sénat.

*Nous avions pensé qu'au lendemain du vote hâtif du budget par le Sénat, il était de la première importance pour notre enquête de prendre l'opinion si autorisée et que nous savions par avance énergique, de M. de Kerguézec, sénateur des Côtes-du-Nord. Les déclarations ci-dessus, il a bien voulu nous les dicter mot à mot, posément. Nous ne l'avons pas pris au dépourvu : il y a longtemps que cette critique serrée, positive, s'est dessinée dans son esprit. Mais sur les autres points de notre questionnaire, il secoue la tête.*

Votre enquête a des proportions formidables. C'est tout le problème de l'inflation, de la consolidation et de l'amortissement des dettes qu'elle embrasse !

L'inflation ! Elle ne dort ni ne sommeille. Elle veille. Et j'ai toujours la plus grande terreur de voir réaliser cette affreuse banqueroute frauduleuse qui consisterait à émettre, soit soixante, quatre-vingts milliards de papier-monnaie, comme le veulent certains, soit, selon les modérés cinq à dix milliards.

La consolidation ! Evidemment, la dette flottante est un moyen d'empêcher de voir clair dans les comptes de la France. Nous ne savons pas ce que nous devons. Notre passif nous est inconnu.

Aussi, je vous répondrai sur vos deux dernières questions : qu'on nous mette en face d'un bilan exact. Tant que cette opération ne sera pas effectuée, il est inutile d'envisager des plans de consolidation, de conversion ou d'amortissement. La vérité, d'abord. La vérité publique. Je ne dis pas que la France doit « déposer » son bilan, mais qu'elle le doit publier, et il faut que ce soit un bilan sincère, exact, sain.

Croyez bien que l'ignorance du pays peut seule justifier qu'il tolère la continuation de l'abominable gaspillage. Si le paysan savait la situation, il exigerait qu'on prît des mesures, il consentirait joyeusement aux sacrifices nécessaires.

# M. Adrien Dariac

*Député*

*Président de la Commission des Finances*

---

Il peut sembler paradoxal de demander à un représentant qui consacre aux problèmes financiers presque toute sa vie publique, de résumer à l'impourvu, en quelques phrases, tout ce qu'il sait, tout ce qu'il pense, tout ce qu'il espère ou qu'il craint, d'une situation que nous jugeons assez grave pour qu'elle nous ait lancé dans la présente enquête. M. Dariac, par exemple, depuis bien des années, peut être considéré comme un des députés français les mieux avertis en tout ce qui touche nos finances.

Aussi, hoche-t-il la tête en nous accueillant.

— J'ai lu avec intérêt le commencement de votre enquête et vos premières réponses. Qu'y ajouterai-je, monsieur ? Que la Commission des Finances a accompli un gros effort ? Vous ne l'ignorez pas. Son travail matériel, par exemple, a considérablement augmenté. Avant la guerre, il portait sur un chiffre de cinq milliards et demi environ. C'est quarante milliards de dépenses aujourd'hui, qu'il faut étudier, répartir et... couvrir. Et le triple problème qui se pose à nous, problème d'équilibre budgétaire, de fiscalité et de trésorerie, est gigantesque.

« Vous savez comment l'équilibre budgétaire a été réalisé. Il est facile à la critique d'éplucher le budget de 1922. Il a été moins facile, croyez-le, d'obtenir le résultat que nous avons obtenu. Du point de vue de la fiscalité, la tâche n'était pas moins ardue, et l'insuffisance des moyens de notre administration compliquait les réformes possibles, nous arrêtait dans la réalisation de bien des projets. La Sous-Commission des ressources fiscales s'est trouvée en présence d'un véritable casse-tête chinois.

Pour soulager les charges budgétaires et résoudre au mieux le problème de la Trésorerie, elle avait même proposé l'abrogation de la convention du 16 décembre 1920 aux termes de laquelle l'Etat doit rembourser tous les ans 2 milliards d'avances à la Banque de France.

« Je dois regretter que cette proposition n'ait pas été acceptée. En effet, son rejet nous oblige à faire face aux besoins de la Trésorerie par l'émission continuelle de Bons de la Défense nationale, qui entravent le développement de l'industrie, qui paralysent le libre jeu du crédit, et qui coûtent cher, affreusement cher.

« Deux autres mesures eussent heureusement complété celle-ci : 1° la diminution du taux d'intérêt des Bons de la Défense Nationale ;

2° La réouverture du marché des rentes. Il faut déplorer qu'elles n'aient pas été décidées.

« Sur l'ensemble du problème de l'équilibre des budgets futurs, problème essentiellement économique et international, que peut-on prévoir en présence d'alliés qui remettent sans cesse en discussion des accords précédemment conclus ?

« Que sortira-t-il de la Conférence de Cannes ?

« Une alliance avec l'Angleterre ? Nous n'en demandons pas tant. Nous la redoutons, même. Je veux dire qu'on pourrait en redouter les conséquences si elle n'existait déjà, selon le pacte de garantie... Sera-t-elle, cette alliance, l'occasion de nouvelles concessions, en ce qui touche le paiement en espèces des indemnités allemandes ou la raison d'un nouveau moratorium à accorder à l'Allemagne, lequel reporterait au 10 mai 1922, sinon plus tard, l'échéance exigible actuellement ?

« L'équilibre partiel du budget des dépenses recouvrables ne saurait être réalisé que si l'Allemagne tient ses engagements. Nous voyons tout d'abord un premier budget de 7 milliards comprenant les dépenses d'administration des régions libérées, les pensions et les arrérages des emprunts du Crédit National. Quatre milliards et demi ne devraient être couverts par les 52 % qui nous reviennent sur les paiements que l'Allemagne doit effectuer en espèces. Le reste est représenté par des obligations à émettre par l'Allemagne.

« Et même dans l'hypothèse la plus optimiste, en supposant que l'Allemagne tienne ses engagements, nous sommes loin de compte. Car le budget des dépenses recouvrables ne comporte pas seulement les 7 milliards normaux de l'anormal Ministère des Régions libérées. Il va falloir faire de nouvelles avances aux sinistrés. Comment y faire face ? Par l'emprunt ?

« Non. A l'heure actuelle, les arrérages de la Dette Publique intérieure représentent une dépense de près de 13 milliards. En continuant à pratiquer une politique d'emprunts aussi onéreux, nous arriverons, dans 8 ou 10 ans, à consacrer au service de la rente toutes les ressources normales du pays.

« Nous sommes donc menés à envisager des mesures tout à fait nouvelles, des mesures énergiques, que je me bornerai à énumérer, sans vous donner mon opinion propre sur chacune.

« D'abord, on pourrait concevoir une politique d'emprunts tout à fait différents de ceux qu'on a pratiqués jusqu'à maintenant. Au lieu d'emprunter à 6, 6,50 %, pourquoi ne pas émettre des emprunts à faible intérêt et à lots importants ? Ils chargeraient beaucoup moins les budgets futurs et constitueraient un moyen qu'on pourrait tout au moins essayer, d'amortir en intérêts la dette flottante et la consolidée.

« Pour l'amortissement de la dette, en capital, — 255 milliards environ pour la dette intérieure, n'est-ce pas — nous arrivons à des mesures encore plus graves. C'est la conversion forcée, faite en période prospère, bien entendu, ou la stabilisation du franc-papier et la dévalorisation du franc-or. C'est l'inflation, enfin, l'inflation modérée et méthodique, faite aussi dès la reprise des affaires industrielles, pour appuyer celle-ci, augmenter la production et développer nos exportations.

« Je sais tous les inconvénients de l'inflation, et je ne demande même pas que ce soit l'Etat qui la conduise, mais la Banque de France elle-même. Tenez, elle a émis jusqu'à près de 43 milliards de billets de banque, et la dette commerciale de l'Etat est de 6 à 7 milliards. Pourquoi ne pas autoriser la

Banque de France à émettre, au fur et à mesure des besoins, des billets jusqu'à concurrence de 50 milliards ?

« Monsieur, je ne choisis pas. Mais je ne veux plus que l'on continue à pratiquer une politique à la petite semaine. Nous sommes en face d'une dette de 290 milliards qui, chaque année, s'accroît de 20 milliards. Il faut que cela cesse. Ce n'est pas le Ministre des Finances qui gouverne, ni le Parlement. C'est une oligarchie bureaucratique qui subit elle-même l'influence de la haute banque confite dans le miel des Bons de la Défense...

« Je n'ai pas à plaider notre cause ni à nous défendre. Mais j'estime, sans vain orgueil, que la Commission des Finances a fait de bonne besogne, quand ce ne serait que d'avoir fait adopter le principe de la réduction de 50.000 fonctionnaires, disjoint par le Sénat et rétabli par nos soins le 31 décembre, à 5 heures du matin.

« La population de la France, grâce au retour de l'Alsace-Lorraine, est à peu près la même qu'en 1914. Mais elle compte 140.000 fonctionnaires de plus. Il faut qu'en trois ans ils soient rendus à la production, par tranches de 50.000. L'économie qui en résultera, vous pouvez l'évaluer à 700 millions.

« Et pas de commissions des économies à créer, pour obtenir tel résultat. Les documents et les projets existent. La base en pourrait être l'enquête faite par M. Maurice Bloch, procureur général près la Cour des Comptes, sur la simplification des services publics. La première simplification est celle de la procédure et des méthodes de la simplification même. Par exemple, la péréquation des traitements ne serait-elle pas rapidement obtenue en trois ou quatre rencontres des directeurs de personnel de tous les ministères ?

Mais de toutes ces réformes, il en est une qui s'impose : la subdivision du Ministère des Finances sous la haute autorité du Ministre, en deux Sous-Secrétariats, l'un du budget des dépenses, l'autre des régies financières. La plupart de tous les Sous-Secrétariats d'Etat, purement politiques, sont à supprimer. Mais au Ministère des Finances, il en faut créer deux. Et les pouvoirs du Ministre des Finances doivent être étendus et renforcés, notamment en ce qui concerne la préparation des budgets de ses collègues et le contrôle de leur administration. »

La conversation s'étendit à bien d'autres sujets qui, de près ou de loin, touchaient aux problèmes financiers. M. Dariac ne nous a pas autorisé à la reproduire. Mais comme nous lui parlions du transfert au Ministère du Commerce, ou même à un Sous-Secrétariat spécial, de toutes les questions touchant les problèmes du Crédit — aujourd'hui presque complètement ignorés de l'Etat — M. Dariac voulut bien reconnaître que notre suggestion lui paraissait intéressante et qu'il était permis de concevoir la création d'un organisme spécial qui devrait concevoir une grande et féconde politique du crédit aussi nécessaire au relèvement économique du pays que le sont de saines et bonnes finances publiques.

---

# M. Pierre Evain

*Député de la Seine*

*Président de la Commission des Comptes Définitifs*

---

M. Pierre Evain nous a tracé, de la situation financière, un tableau extrêmement net que nous redoutons simplement de ne pas reproduire avec assez de lumière.

— Notre dette, dit-il, on l'évalue à 290 ou 350 milliards. Quelle est-elle au juste, on ne saurait l'établir qu'au moyen d'un travail fort long et coûteux qui risquerait de n'avoir, quand il serait terminé, qu'un intérêt historique. Quoi qu'il en soit, il est bien entendu, n'est-ce pas, que cette dette est la dette de la Nation. C'est une dette que l'Etat a contractée pour chacun et dont chacun a sa part. J'insiste un peu sur ce point, sur cette notion, avec laquelle on n'est pas assez familiarisé. La dette de l'Etat est la dette de la Nation entière. Et par conséquent, quand on l'a estimée, il faut placer en regard l'actif de la nation, qui ne comprend pas seulement les propriétés de l'Etat et l'actif de certaines grandes Compagnies, mais l'ensemble de l'actif des nationaux. Cet ensemble peut être facilement évalué à mille ou douze cents milliards. Dans ces conditions, je me crois fondé à dire que la situation financière de la France n'est nullement désespérée. La question financière se pose à nous comme un problème de mathématiques qu'il faut envisager avec toute la rigueur des chiffres. Des données sont bien connues, d'autres non. Ce sont celles-là qu'il faut maintenant connaître et examiner avec une précision, je le répète, mathématique.

« Actuellement, nous sommes en présence d'une situation qui n'est pas définitive, au point de vue de notre budget. Un de nos ministres des finances, M. Klotz, a pu dire que pendant la guerre on a dépensé sans compter. Ce sont là des habitudes faciles à prendre, et quatre fois plus difficiles à perdre. Aussi, la réalisation progressive des économies et des compressions ne peut-elle être obtenue que par plusieurs budgets successifs. Elle se produira, et en diminuant les dépenses de l'Etat, elle rendra au pays du personnel et de l'argent.

« Mais les dépenses des services publics ne constituent qu'une partie infime de notre budget. La grosse dépense — et la grosse inquiétude — nous viennent du service des intérêts de la dette, qui, d'un exercice à l'autre, a passé de 11 1/2 à 13 milliards. Voilà une progression qu'il faut arrêter.

« Par quel procédé ? Tout le problème est là. Mais il est évident qu'en regard de cette énorme annuité, il faut mettre les sommes provenant de la créance reconnue par l'Allemagne. Comment arriver à obtenir ses paiements ? Mais tout d'abord en répandant de plus en plus dans les milieux internationaux cette idée sur laquelle j'ai fort insisté au début de notre entretien, que les dettes de l'Etat allemand, de la Nation allemande, sont les dettes des nationaux eux-mêmes. Quand cette idée simple et juste aura pénétré l'esprit de tous les plénipotentiaires, les nations alliées sauront prendre les dispositions nécessaires pour que la dette allemande soit acquittée par la nation allemande au *prorata* des têtes d'habitants, l'Etat allemand n'étant en quelque sorte vis-à-vis de nous que le collecteur des paiements.

« Quant aux solutions venant de l'intérieur, il ne faut pas juger du rendement des impôts par ce qu'on en a vu depuis un an. Pour qu'un impôt soit convenablement établi, il faut qu'il soit précédé d'une longue et minutieuse enquête. Or, nous avons été obligés de faire vite. Et d'une autre part, un cycle de cinq à dix ans est nécessaire pour qu'un impôt donne son plein rendement et produise toutes ses incidences. Il se peut que telles catégories d'imposables aient été dégrevées par le nouveau système de fiscalité, et que d'autre part on ait fait porter sur le commerce et l'industrie des coefficients dont on ne prévoyait pas la lourde charge, tandis que certains bénéfices échappaient au contraire aux justes contributions. De là s'est glissé dans le pays un déséquilibre fiscal auquel j'attribue le sentiment du malaise et le malaise économique même. Croyez bien que si les proportions de contribution aux charges étaient restées les mêmes qu'en 1914, nous n'éprouverions à aucun degré la grosse gêne qui nous étreint.

« Il faut d'ailleurs y voir une amélioration très sérieuse dans ce fait que le budget extraordinaire a disparu, puis dans cet autre que la France est tout de même arrivée, depuis deux ans, à établir un véritable budget, chose dont l'étranger ne laissait pas de douter. Enfin, il est hors de doute que ces budgets arriveront à être de plus en plus rigoureux. Le désordre forcé que la guerre a produit dans nos finances s'est déjà arrêté et me semble en voie de disparition. Aussi, pouvons-nous espérer de réaliser l'équilibre budgétaire en quelques exercices.

« Il restera le chiffre très lourd du service de la dette. Ce n'est qu'après la restauration de nos provinces dévastées, après le paiement intégral de la dette allemande, et lorsque la France sera en pleine prospérité que nous pourrons arriver aux grandes opérations de conversion et d'amortissement qui nous permettront de nous débarrasser peu à peu de cet écrasant fardeau.

« En tout cas, il ne faut pas improviser et inventer des solutions du jour au lendemain. Je répète qu'il s'agit d'un problème mathématique où les chiffres doivent brider l'imagination.

« Mais vous pouvez ajouter, puisque nous avons fait de la prospérité des affaires la condition *sine qua non* de la conversion des rentes et de leur amortissement, vous pouvez ajouter que le secret de la prospérité de l'Allemagne d'aujourd'hui n'est pas dans la dépréciation de son mark. Celle-ci y a peut-être aidé, mais sa véritable cause est dans l'organisation méthodique du commerce et de l'industrie germaniques. Précisément, cette organisation est restée intacte après la guerre et fonctionne sans interruption. Il y a là-bas une haute pensée directrice venant de l'Etat, protégeant les industries à leur naissance, encourageant l'expansion des industries à l'étranger et faisant concourir toute la Nation au but poursuivi, qui est d'imposer au monde la suprématie de l'industrie allemande, fût-ce au prix de longs et coûteux sacrifices de la part des nationaux. De sorte qu'au bout d'une décade, l'Allemagne s'est assurée d'un véritable monopole universel dans certaines catégories de produits.

« Cette méthode lui a d'autant mieux réussi qu'elle a été la seule à l'employer. Ailleurs, l'industrie court le risque total et ne peut compter sur aucune espèce de solidarité de la Nation, partant de l'Etat. Aussi, l'Allemagne dont l'industrie triomphait en 1914 a repris tout naturellement la suite de ses triomphes en 1918.

« Est-ce à dire que la France doive se mettre à son école et essayer de la vaincre par les mêmes procédés ? Non. Ou plutôt, oui et non. Car il reste un enseignement précieux à retenir de l'histoire de son industrie : la nécessité d'une volonté réfléchie et continue de la part de l'Etat français, la nécessité d'une haute politique de l'industrie et du commerce nationaux. »

# M. Léon Barbé

*Député de la Seine*

M. Léon Barbé nous a donné une véritable consultation technique. Il dit avec trop de modestie que ce n'est qu'un aperçu de la question de l'impôt sur le capital, qu'il a traité devant nous. En fait, s'il s'éloigne assez de l'opinion de ses amis politiques, touchant le principe de cet impôt, c'est qu'il a longuement réfléchi à sa portée et, on peut le dire, à sa philosophie.

Car la lecture de notre questionnaire le conduit immédiatement à parler de cet impôt. Tout d'abord, M. Léon Barbé nous fait remarquer que depuis sa première rédaction, le travail parlementaire a diminué sensiblement, et rapproché de 2 milliards, le déficit du budget de 1922. Puis :

— Mais le problème du déficit et de l'équilibre futur des budgets nécessite, avant que d'être résolu, qu'on en connaisse exactement les données. On estimait la fortune française, avant la guerre, à 250 milliards. Aujourd'hui, c'est par 600, 800 milliards qu'on la chiffre. Pourtant, nous avons eu, rien que dans les régions dévastées, plus de cent milliards de biens détruits. L'augmentation de valeur de la fortune nationale est donc purement fictive. Ils le savent bien, ceux qui possédaient avant la guerre cent mille francs, en capital, de rentes sur l'Etat, et dont la fortune, en restant au même taux, a singulièrement diminué. Aussi, si je suis partisan de l'impôt sur le capital, ce n'est pas du tout par haine du capital, ce n'est pas pour le saigner, pour l'amputer, comme on a dit, mais au contraire pour le rapprocher de sa valeur exacte, pour le libérer.

« Les dettes de l'Etat retombent sur toutes les fortunes privées. Si nous estimons *grosso modo* la dette intérieure à 150 milliards et la fortune publique à 600 milliards — si ce ne sont pas les chiffres exacts, ce sont à coup sûr les proportions — cela revient à dire que le quart de nos biens ne nous appartient pas, que le quart de tout ce que nous possédons est en somme frappé d'une sorte d'hypothèque. Les titres de rente que nous avons en portefeuille, les billets qui passent dans notre poche, le salaire des ouvriers, les champs des paysans, les vêtements que nous avons sur le dos ne nous appartiennent guère que dans la proportion des trois quarts. Certains se disent absolument ennemis du prélèvement sur le capital, car ils croient naïvement que possession vaut propriété. Mais il existe en fait, ce prélèvement, et une opération bien administrée d'impôt sur le capital n'aurait pour effet que de mettre la comptabilité publique et celle des particuliers en accord avec la réalité.

« J'y vois les plus grands avantages pour l'Etat et pour les citoyens. J'y vois le meilleur moyen de réaliser avec justice l'équilibre budgétaire par la diminution rapide, avec tendance vers un très faible chiffre, de ce service de la dette, qui absorbe 14 milliards par an.

« Un impôt sur le capital devrait en effet permettre de rembourser peu à peu toute la dette intérieure de guerre. Avant les hostilités, nous avions une dette de 30 milliards. Il ne faut pas espérer d'annuler celle-ci. Les conditions économiques et juridiques de la société exigent que l'on conserve une certaine dette d'Etat. Tels établissements, telles institutions doivent, selon la loi ou leurs statuts, investir leurs capitaux en rentes sur l'Etat. Des contrats de mariage, des dispositions testamentaires prévoient également que tels biens seront constitués ou remployés en fonds de cette nature. Mais pour ce qui est de toute cette immense dette flottante et de la dette consolidée créée depuis 1914, il n'y a aucune raison de n'en pas souhaiter un amortissement rapide, une complète disparition.

« L'impôt sur le capital les pourrait assurer. Oh ! je ne me dissimule pas que l'opération est délicate et complexe. Il faudrait qu'elle fût conduite avec beaucoup de souplesse, et répartie sur une période de temps assez longue. Je l'estime à dix ans environ, c'est-à-dire le tiers du temps moyen dans lequel on admet généralement que la propriété change de mains. Et l'administration rationnelle de l'opération devrait s'inspirer de ce principe que c'est le capital qu'il faut libérer de cette hypothèque de 25 % qui le grève, et non le capitaliste qu'il faut frapper.

« Le quart des capitaux étant appelé à revenir à l'Etat, en dix ans, certains auront pourtant intérêt à acquitter leur dû d'un seul coup. Il faudra les y encourager, au moyen d'une prime légère, comme il faudra encourager, par le même moyen, l'acquit direct de cette contribution en rentes sur l'Etat, en bons du Trésor ou en bons de la Défense nationale que l'Etat détruira incontinent.

« Pour ce qui est du rachat des rentes et valeurs de la dette flottante au moyen de l'impôt acquitté en espèces, je conseillerai la création d'un Office spécial qui effectuerait des achats en Bourse, habilement, de manière à rendre à ce marché, aujourd'hui fermé, toute son activité, et à nos rentes un cours digne du crédit de notre pays.

« Je ne pense pas qu'un tel impôt serait difficilement acquitté par la fortune immobilière et qu'il s'ensuivrait des ventes trop considérables de biens fonds ou de propriétés bâties. 25 % répartis sur dix années, c'est 2 ½ % du capital qu'il faut prélever sur le revenu annuel, et le loyer de l'argent est et restera longtemps autrement élevé. Pour la fortune mobilière, la question mérite d'être minutieusement étudiée. Les rentes françaises, les bons de la Défense ne présentent aucune difficulté. Les valeurs nominatives non plus. Il en est autrement pour les valeurs au porteur, pour les créances étrangères et les créances chirographaires, où l'évasion fiscale se pratique déjà sur une échelle importante. Là, il faudra songer à des mesures sérieuses et à un contrôle efficace. C'est une question de règlement et de pratique.

« J'avoue que le véritable danger de l'impôt sur le capital, que les objections les plus sérieuses qu'il soulève résident essentiellement dans son application à l'industrie et au commerce. Comment évaluer des usines, des fonds de commerce, des stocks de marchandises ? Comment exiger qu'ils acquittent ce prélèvement du quart de leur valeur même et surtout en dix ans ? On produit couramment comme argument contraire à la possibilité d'un impôt sur le capital le cas d'un industriel dont tous les biens sont constitués par une usine, des machines, des matières premières et des produits fabriqués. Où trouvera-t-il les 2 ½ % de leur valeur qu'il lui faudra payer chaque année ? Dans une élévation concordante des prix de ses produits ? Ce serait bien dangereux pour l'économie nationale et cela favoriserait singulièrement la concurrence de l'industrie étrangère. Mais pour de simples commerçants, le cas est encore plus intéressant. Des marchandises, consommées généralement en trois mois, auraient à acquitter en dix ans leur quote-part de l'impôt.

« Toutefois, il nous faut bien remarquer que déjà, c'est le commerce et l'industrie qui acquittent la plus grosse part des impôts actuels. Et l'on peut se demander si, par une juste compensation, l'industrie et le commerce ne devraient pas être dégrevés d'une partie de l'impôt sur le capital.

« Les paysans, j'ai pu m'en rendre compte par maintes conversations, ne sont pas hostiles au principe de l'impôt sur le capital. Je l'ai constaté en Bretagne et en Bresse. Ils sentent parfaitement qu'une lourde hypothèque grève toute la fortune de la France et majore les prix de tous les produits qu'ils achètent. Ils savent aussi qu'ils n'acquittent pas dans la même proportion que les industriels et les commerçants les impôts nécessaires. Mais ils disent avec finesse et bon sens que ce n'est pas eux qui réclameront qu'on les charge des impôts auxquels ils échappent. On peut d'ailleurs être assuré qu'ils connaissent leur devoir et l'exemple de la guerre montre comment ils savent s'en acquitter quand on les invite.

« Pour me résumer, je dirai donc que j'estime que l'impôt ou plutôt un prélèvement exceptionnel motivé par des circonstances exceptionnelles sur le capital est une mesure saine qui pourrait assainir à la fois les finances publiques et valoriser les finances des particuliers. J'en suis partisan par esprit de conservation sociale, par patriotisme et dans l'intérêt même du capital. L'immense recensement de la fortune nationale, dont il devrait être précédé, ne me fait pas peur. Je crains bien davantage le maintien d'une dette épouvantable qui, d'ailleurs, s'accroîtra si l'on ne décide de l'amortir par larges tranches. »

# M. Taittinger

*Député de la Charente*

Les interventions de M. Taittinger dans les discussions touchant aux problèmes du crédit ont été très remarquées et son opinion sur la situation financière est parmi les plus qualifiées. Avant de nous la communiquer, M. Taittinger parle d'ailleurs de cette malheureuse *Banque Industrielle de Chine* dont il connaît, mieux que personne, les douloureux secrets.

— Son krach, nous dit-il, retarde de dix ans le développement économique de la Chine et va nous empêcher, pendant longtemps, d'atteindre une clientèle soupçonneuse dont les richesses auraient pu aider puissamment à étendre notre crédit. Le Chinois est méfiant par nature. Les caisses des banques ne lui ont jamais paru d'une grande sécurité et les commerçants célestes sont nombreux, qui conservent dans leurs magasins d'énormes lingots d'argent improductifs. Je ne crois pas que le krach de la *Banque Industrielle de Chine* soit de nature à changer leurs errements...

« Mais tout cela rentre dans un problème que nous n'avons pas à résoudre aujourd'hui : le problème de la réorganisation bancaire de la France, où l'industrie du crédit est exercée d'une façon rudimentaire et contraire au bon sens.

« Pour ce qui est du problème financier proprement dit, n'attendez pas que je vous en donne une solution technique. Il n'y en a pas, ou pour mieux dire, il y en a une qui est classique, normale, bien connue des hommes d'affaires et des financiers. Les bonnes finances se peuvent obtenir sans secret nouveau. Mais pour que les finances françaises, aujourd'hui détestables, s'assainissent et s'équilibrent, il faut que le gros débiteur de la France paie ses dettes.

« Il faut, et c'est là la condition nécessaire du retour à de bons budgets, il faut que l'Allemagne paie.

« Je ne comprends pas qu'on puisse dire que l'Allemagne est hors d'état de s'acquitter. Sa prospérité est manifeste. J'ai voyagé dernièrement le long du Rhin. Quelle différence entre ce fleuve sillonné de péniches énormes, bordé de cheminées d'usines touffues et ponctué de ports magnifiques munis du plus bel outillage qu'on puisse imaginer, avec notre pauvre Seine où quelques rares chalands se traînent de place en place au bord des quais déserts ! L'Allemagne a tous les moyens de payer, et nous, nous avons tous les moyens de la forcer à acquitter ses dettes. Nous sommes les maîtres de la situation économique de l'Allemagne.

« Il n'est pas besoin, pour la contraindre, de procéder à une entrée théâtrale de nos troupes dans la Ruhr. La Ruhr, nous la tenons. Notre cavalerie est à un temps de galop d'Essen. Et, ailleurs, sous un prétexte d'extension de nos cantonnements, nous pouvons pousser un peloton dans tel village, un bataillon dans telle ville. L'occupation de la Ruhr est virtuellement faite.

« Les Allemands le savent bien, et mieux que les autres, les grands industriels. C'est avec eux qu'il faut nous entendre, je veux dire que c'est à eux que nous devons dicter nos conditions. Et puisqu'il y a, en Allemagne, des groupes industriels rivaux, je crois que c'est au groupe Stinnes qu'il faut nous adresser. Le groupe Rathenau ne contrôle guère que le huitième de la grande industrie allemande, le groupe Stinnes en contrôle près de la moitié. Et Stinnes ne serait pas éloigné de s'entendre avec nous. L'occupation de la Ruhr représente d'ailleurs pour lui la solution la plus simple de la question sociale. Grâce à l'état de siège, il n'a à craindre aucune grève, aucun désordre. L'ennui, le véritable ennui, pour lui, est de sentir notre main sur sa gorge, et que nos doigts peuvent la serrer subitement.

« Mais c'est une menace, un moyen de pression. Nous n'avons pas d'intérêt véritable à nous saisir de l'industrie de la Ruhr. Le petit personnel, nous le conserverions, évidemment. Le haut personnel, non, et nous manquons, en France, du nombre d'ingénieurs qu'il faudrait pour exploiter les usines du pays dont il s'agit. Notre intérêt est donc, en définitive, dans une collaboration réglée avec l'industrie allemande. D'une part, nous lui garantissons l'ordre ; d'une autre, et pour acquitter les dettes de la nation allemande, il nous est attribué 30 % d'actions privilégiées dans son industrie. Voilà le véritable prélèvement sur le capital, effectué sur le capital débiteur, sur le capital allemand.

« Vous remarquerez que je ne vous parle pas des réparations en nature. Je n'en suis pas partisan. L'industrie française a besoin de débouchés, et les plus naturels sont les plus proches. C'est à l'industrie française, avec des subsides allemands, de relever les ruines des régions dévastées. L'industrie allemande, je préfère la faire travailler pour d'autres marchés, pour le marché russe, par exemple.

« La solution du problème financier français est, pour ainsi dire, en dehors des finances mêmes. Elle est multiple. Je la vois avant tout dans l'acquit intégral de la dette que l'Allemagne a contractée envers nous. Puis je la vois dans le développement de nos colonies.

« Tout est à faire, dans les colonies françaises. Mais rien ne s'y fait. Elles sont à un degré économique purement embryonnaire. Nous avons encore des colonies qui ne sont touchées que tous les trois mois par un bateau français Elles recèlent les plus riches minerais du monde. Nous en envoient-elles ? Non. Nous avons acheté en Espagne, pendant la guerre, au change le plus haut, des minerais que le Maroc aurait pu nous donner à bas prix ! Où en sont les chemins de fer marocains, et même les chemins de fer algériens ? Et l'Indo-Chine, en tirons-nous le dixième de ce qu'elle nous devrait fournir ?

« Mais il est inutile de songer à développer nos colonies avec les pauvres, les dérisoires budgets dont elles disposent. C'est une notion paradoxale mais indiscutable : la France ne rétablira ses finances publiques qu'en se relevant elle-même. Et elle ne se relèvera qu'en dépensant beaucoup. C'est par milliards qu'il faut qu'elle jette de l'argent dans son outillage, dans ses travaux de tout ordre et dans ses entreprises. Quelques points exceptés, la politique d'économies, politique malthusienne, est à rejeter. Il faut de l'audace, de l'initiative, de grosses dépenses et des tentatives aussi durables que hardies. Les réformateurs qui veulent mettre de l'ordre dans les finances en dissociant et en réajustant des chiffres, sont des aveugles. Je ne nie pas les bienfaits de la comptabilité saine et honnête. Mais de quoi sert-elle s'il lui reste à aligner, en fin de compte, des chiffres qui, tout énormes qu'ils sont, ne valent pas beaucoup plus de zéro ?

« Que l'industrie allemande acquitte la dette de guerre, pour le compte du pays vaincu, que la France se lance résolument dans une politique économique entreprenante, et les difficultés financières disparaîtront bien vite d'elles-mêmes. »

---

# M. Georges Mandel

*Député de la Gironde*

---

Il était piquant, au jour même où le ministère Poincaré annonçait sa composition, d'interroger M. Georges Mandel sur l'avenir financier du pays. Nous n'y avons pas manqué, et l'entretien que l'ancien collaborateur de M. Clemenceau a bien voulu nous accorder a fait passer sur la question, devant nos yeux, une lueur singulièrement vive.

— Je ne crois pas, nous dit l'honorable représentant, que la situation financière de la France soit vraiment périlleuse. Mais elle le pourrait devenir. On peut imaginer telles difficultés, telles complications imprévues qui, du jour au lendemain, sans évidemment provoquer la panique, placeraient le gouvernement en présence de très gros ennuis. Nous admettrons donc que la situation, si le qualificatif de périlleuse ne lui convient pas, est sérieuse, très sérieuse.

« La dette flottante, à vrai dire, ne m'inquiète pas beaucoup. Le Bon de la Défense Nationale est populaire. Il plaît. Il est commode. Il coûte assez cher à l'Etat. Mais l'Etat a en lui un de ses agents financiers les plus fidèles et les plus sûrs. C'est un moyen d'épargne, à longue aussi bien qu'à courte échéance. Son renouvellement en quelque sorte automatique le rend très souple. C'est un instrument de paiement. L'Etat et les particuliers le peuvent utiliser en cette qualité. Et selon les moments, il circule un peu ou beaucoup, faisant l'appoint du billet de banque quand celui-ci se raréfie.

« Vous me dites, Monsieur, que vous considérez la surabondance des Bons de la Défense Nationale dans les portefeuilles de certains établissements de crédit comme un gros danger. Je ne disconviens pas, certes, que ce sont autant de disponibilités qui manquent à l'industrie nationale. Mais pour le péril qui résulterait de leur présentation brutale au remboursement, je n'y crois pas.

« Je n'y crois pas car le crédit du pays ne me semble nullement compromis, n'est-ce pas ? Ah ! je sais bien ce qui peut permettre de ne pas lui accorder toute la confiance désirable. Et je touche ainsi au danger qui, dans la situation financière, me semble le plus gros. C'est celui qui résulte de la fermeture du marché des rentes.

« Evidemment, les commerçants, et les industriels, surtout, sont légion, qui détiennent au lieu de fonds de roulement, des titres de rente qu'ils ne peuvent vendre. Il existe bien un marché de la rente officieux, où l'on peut se débarrasser de ses titres, mais par tout petits paquets, et avec quelle perte ! Ce marché est fermé aux industriels qui ne peuvent encore consentir à de nouveaux sacrifices sur les valeurs avec lesquelles l'Etat a réglé leurs factures et qui, au surplus, en détiennent une trop grande quantité et par trop grosses liasses pour songer à s'en défaire en catimini.

« L'industrie souffre beaucoup de cet état de choses, et je pense qu'il serait sage, palier par palier, de rouvrir aux échanges normaux le marché des rentes. Je suppose qu'il s'ensuive une certaine baisse sur nos rentes de guerre. C'est tout ce que je veux supposer. Cette baisse, l'Etat en profite pour racheter aux plus bas cours la plus grande quantité de rente possible. Une hausse se produit alors, qui mène petit à petit aux possibilités de conversion...

« C'est la première mesure que devrait proposer un ministre des Finances résolu à restaurer, avec une bonne administration de son département, l'industrie même et le commerce de la France.

« Mais n'oublions pas non plus que l'administration des Finances n'est rien, ne peut rien, si le gros débtieur de la France continue à ne pas tenir ses promesses.

« Monsieur, l'Allemagne, sans délais, peut et doit payer son dû.

« Par quel moyen ? Secret de gouvernement. Permettez-moi maintenant de faire cesser l'interview et de vous demander de garder pour vous ce qui me reste à vous dire. »

M. Mandel se rapprocha et nous eûmes la bonne fortune de recueillir à l'usage de nos méditations personnelles le fruit d'une pensée réfléchie toute nourrie d'histoire et de philosophie...

---

# M. Edouard Barthe

*Député de l'Hérault*

---

Les données du problème posé par la *France Active* sont excellemment exposées par mon ami Vincent Auriol, et s'il m'était permis d'y ajouter, je constaterais volontiers que le déficit budgétaire dépassera le montant de 5 milliards, dès 1923, non seulement en raison du développement constant des arrérages de la dette publique, mais encore du fait des moins-values certaines que nous réservent les impôts actuels.

Les droits d'enregistrement et les impôts de consommation n'ont subi au cours de 1921 aucun changement notable qui permette d'escompter un meilleur rendement en 1922 ; évalué à 13 milliards 79 millions pour les 11 premiers mois de 1921, leur produit n'a atteint que 12 milliards 5 millions, accusant ainsi une moins-value de 1 milliard 74 millions pour 11 mois.

Comme le rendement de ces mêmes impôts est évalué à 16 milliards 68 millions pour 1922, soit à 2 milliards de plus qu'en 1921, on peut prédire en toute assurance que le déficit de l'an prochain atteindra plusieurs milliards par rapport aux évaluations budgétaires, et que celui des budgets ultérieurs continuera d'être considérable, le produit des impôts qui nous préoccupent ayant atteint son maximum en 1920 et ne pouvant que continuer à décroître avec les taux actuels et la baisse progressive ou même simplement la stabilisation des prix qui font obstacle à la spéculation.

Si, par ailleurs, la perception de plus en plus effective des impôts directs sur les revenus réserve pour l'avenir des plus-values certaines, leur élasticité sera limitée malgré tout par l'amélioration même de la valeur de notre monnaie, entraînant une diminution nominale des revenus individuels.

Cela dit, comment équilibrer les budgets futurs ? On n'a pas, hélas ! de choix : il faut à la fois réduire au strict minimum les charges publiques et réaliser le maximum de ressources avec les impôts actuels.

Au point de vue des dépenses, il est véritablement inouï, et c'est ce qui fait l'étonnement du monde, qu'après une guerre qui a porté de 1 à 14 milliards le poids de la dette publique, la France victorieuse se condamne encore à subir des dépenses d'ordre militaire qui se traduisent par près de 5 milliards au moment même où sa victoire a libéré les autres nations européennes de la plus grande partie de leur fardeau militaire d'avant-guerre.

Les économies ne peuvent et ne doivent porter que sur les dépenses stériles d'ordre militaire, les arrérages de la dette publique, quelle que soit leur énormité, étant incompressibles, au moins pour l'instant ; les dépenses productives de personnel et de matériel méritent, au contraire, d'être relevées dans toute la mesure de leur productivité.

On ne peut vraiment sauver ce pays de la mort lente tant qu'on lui imposera 18 milliards de dépenses improductives contre 7 milliards seulement de dépenses reproductives. Et dire que toute l'activité politique de cette Chambre consiste à peu près exclusivement à rogner encore sur les seules dépenses qui sont de nature à favoriser la reconstitution des richesses...

Quelle différence avec la politique anglaise ! Après avoir réalisé un excédent de recettes de 6 milliards de francs au dernier budget de 1920-21, et assuré ainsi un large amortissement de leur dette, nos amis d'outre-Manche ont constitué un Comité des Economies qui projette de réduire de 25 à 15 milliards le montant du prochain budget de Grande-Bretagne. Nous pouvons être assurés que ce ne sera pas le budget économique et social qui supportera l'économie envisagée de 10 milliards par an : c'est à coup sûr le budget militaire qui en fera les frais.

Il reste enfin à faire produire aux impôts actuels le maximum de rendement. Ici la tâche n'est pas moins malaisée.

De même que le commerçant avisé ne développe ses profits qu'en acceptant de gagner peu sur chaque produit pour vendre davantage, l'Etat, s'il veut réellement obtenir le maximum de rendement de ses impôts sur les consommations, doit réduire ses tarifs aux taux modérés qui les rendent supportables aux masses populaires. La sagesse fiscale n'est pas différente de la sagesse commerciale, et au surplus les conséquences de la première sont autrement importantes que celles de la seconde ; alors en effet que l'exagération des prétentions du commerçant ne peut que le ruiner en favorisant le concurrent voisin, les droits fiscaux excessifs, en réduisant d'office toutes les consommations taxées, ruinent à la fois le producteur, le commerçant et le consommateur, et tarissent ainsi les multiples canaux qui alimentent le budget. L'histoire montre que la productivité des impôts de consommation en particulier n'existe qu'avec des taxes modérées. Il y a donc lieu de considérer que la crise de sous-consommation que nous traversons est due pour une très large part au renchérissement exorbitant des taux des taxes indirectes ; il y a dès lors lieu de favoriser la reprise de l'activité économique par l'extension nécessaire des consommations populaires, sans d'ailleurs cesser de garantir et de stabiliser les ressources budgétaires, par un abaissement rationnel des impôts indirects dont un certain nombre sont d'ailleurs à supprimer.

En ce qui concerne les impôts directs, leur perception plus exacte et plus diligente doit être enfin poursuivie et réalisée sans délai ; mais si on peut en attendre un accroissement certain de rendement, il faut aussi considérer que l'amélioration progressive de la valeur d'achat du franc rendra la stabilisation de ce rendement à peu près impossible. Il faut en effet reconnaître que le retour du franc à la parité de sa valeur avec l'or se traduira par une réduction générale des revenus individuels, donc par une diminution progressive de la matière imposable.

L'équilibre budgétaire, si jamais il est possible de l'établir à un moment donné, paraît ainsi essentiellement précaire, en raison même de l'amélioration progressive de la situation générale, d'autant plus précaire que le montant des arrérages de la dette publique est incompressible jusque vers 1940, c'est-à-dire pendant la période la plus critique pour notre pays,

Comme Auriol, je ne vois pas d'autre solution que celle qu'il préconise en vue de mettre un terme à la politique désastreuse des emprunts indéfinis pour la reconstruction des territoires envahis. La restauration par les fournitures en nature et en main-d'œuvre s'impose d'autant mieux que malgré toutes les promesses, nous n'avons reçu de l'Allemagne depuis plus de trois ans, aucun paiement en espèces, et que ce mode de règlement est de plus en plus reconnu impraticable et même de nature à compromettre notre créance ! !

Si cette politique avait été suivie, depuis l'armistice, les régions envahies seraient déjà à peu près restaurées et la valeur de cette restauration serait *tout entière* à la charge de l'Allemagne ; la France aurait déjà retrouvé son équilibre économique d'avant-guerre et sa dette aurait pu être limitée aux environs du chiffre de 150 milliards atteint à la fin de la guerre, au lieu d'avoir été *plus que doublée* depuis, sans d'ailleurs que nous soyons au bout de nos sacrifices.

Il y a d'ailleurs lieu d'observer qu'il ne suffit pas de ne plus emprunter, et qu'il faut encore liquider notre colossale dette flottante qui constitue un obstacle vraiment insurmontable à la reprise de la vie économique ; que celle-ci vienne à réclamer les fonds de roulement qui sont nécessaires à son activité et à son développement, et voilà l'Etat obligé de rembourser dans un court délai, maximum de 6 mois, plus de 70 milliards de francs !

J'ajoute qu'avant même de songer à consolider la dette flottante, il faut se préoccuper d'en tarir les sources, notamment en refusant enfin au Ministre des Finances la faculté d'émettre de nouvelles valeurs de la prétendue Défense Nationale qu'on pourrait plus véridiquement qualifier de valeurs de la perdition nationale.

En dehors même de toute considération économique et sociale, la réduction rapide de notre dette n'est-elle pas encore et surtout commandée par les dangers même de guerre dont on nous dit menacés ? Comment pourrions-nous envisager la possibilité de l'effort onéreux de paix armée auquel on veut nous condamner seuls dans le monde, à perpétuité, si nous ne voulons pas par ailleurs d'un cœur ferme consentir au sacrifice individuel que comporte la situation ?

Si le crédit public est le facteur déterminant de la prospérité économique d'un pays, il ne faut pas oublier qu'il constitue en même temps un élément prépondérant de la future victoire militaire.

Dans l'impossibilité matérielle où nous sommes ainsi, de réaliser aujourd'hui et moins encore demain, l'équilibre d'un budget de 25 et même de 20 milliards qui écrase et écrasera plus encore dans l'avenir notre production déjà anémiée, l'obligation s'impose comme le constate Auriol, sous peine de mort, d'amortir notre dette publique dans la plus large mesure possible, en commençant par la dette flottante qui est la plus dangereuse.

Pour amortir la dette, la solution la plus efficace à la fois et la plus rationnelle nous paraît être encore le prélèvement sur le capital. Voilà bientôt deux ans que, par une proposition de loi documentée, je préconise l'impôt sur le capital pour relever nos finances et le crédit public ; une proposition analogue, signée par tous les membres du Parti Socialiste est venue confirmer, quelques semaines plus tard, l'opportunité en même temps que l'urgence de cette mesure dont le succès est, hélas ! plus difficile aujourd'hui, mais dont l'opportunité et l'urgence sont toujours, et d'ailleurs de plus en plus, incontestables aux yeux même des conservateurs les plus clairvoyants.

---

# M. Paul Bénazet

*Député de l'Indre,*

*ancien Président de la Commission des Armements*

*Ancien Rapporteur du Budget de la Guerre*

---

M. Paul Bénazet est parmi les membres actuels du Parlement, un des spécialistes les plus qualifiés dans les questions de finances et de crédit. Son opinion nous importait fort et nous avons tenu à la solliciter. Les lecteurs de cet ouvrage nous en sauront gré, car M. Paul Bénazet estime que le problème des finances est avant tout un problème de soulagement du producteur, d'aide au commerçant et à l'industriel.

— La question est fort bien posée par mon collègue Auriol, nous dit-il, mais je tiens à dire que je ne la vois résolue que dans un sens largement national et social. Equilibrer le budget, c'est bien, c'est nécessaire. Mais pas d'équilibre du budget sans transformation de la dette flottante et de la dette consolidée.

« Consolider l'une et amortir l'autre ? Pourquoi ne pas les faire servir, plutôt, à quelque grande organisation de renaissance nationale ? Actuellement, les arrérages de la rente et les intérêts des Bons de la Défense représentent annuellement 13 milliards de francs qu'il faut que paient les travailleurs aux rentiers nés pour la plupart de la guerre. Le monde industriel, commerçant et ouvrier porte le fardeau d'une dette intérieure de 180 milliards.

« Voyons, pourquoi ne pas transformer cet argent, ces titres improductifs, en valeurs, en argent productifs ? Pourquoi ne pas en faire le gage d'un crédit immense dont tous nos producteurs ont besoin, en même temps que le pivot d'une opération de crédit public destinée à soulager l'Etat de ses charges immenses.

« Je suis l'auteur d'une proposition de loi qui me paraît

répondre en tous points à ce programme. Et je vous donnerai à ce sujet l'indication très curieuse que voici : la Fédération des Commerçants et Industriels français mobilisés, qui comprend plus de cent mille adhérents, après avoir examiné tous les projets et toutes les propositions de lois conçus depuis l'armistice pour rétablir l'équilibre financier, n'a retenu que mon propre projet et l'a fait sien.

« Je n'ai donc pas d'orgueil d'auteur à le soutenir. C'est actuellement un projet collectif, qui a été étudié par les vraies compétences, par les compétences de ceux qui souffrent le plus de l'état de choses actuel et qui assurent cependant la vie de la Nation.

« Je propose la création d'un organisme bancaire, appelé Banque du Prêt National, qui recevrait de la Banque de France des billets à concurrence de 180 milliards.

« Les établissements de crédit, sous leur responsabilité et après s'être assuré des garanties d'usage, s'adresseraient à la Banque du Prêt National pour obtenir les billets nécessaires au développement des entreprises ayant pour objet la reconstitution des régions libérées et l'intensification des exploitations agricoles, industrielles ou commerciales qui se seront adressées à eux. Les sommes disponibles seraient affectées, à concurrence de 70 % à ce développement ainsi qu'aux grandes entreprises d'intérêt public, et de 30 % à la reconstitution des régions libérées.

« Les prêts seraient consentis au taux de 8,25 % l'an, dont 6 % pour l'intérêt et 2,25 % pour l'amortissement du capital et des pertes ou frais divers. Ils comporteraient hypothèque sur les biens des emprunteurs, qui seraient tenus de mentionner sur leurs papiers de correspondance et pièces comptables que leur entreprise ou exploitation est commanditée par la Banque du Prêt National.

« Les Banques populaires et les Caisses de Crédit agricole auraient un droit de priorité de 30 % sur la répartition des fonds.

« La création de cette institution me paraît absolument nécessaire. D'une part, en effet, la Banque de France n'est pas qualifiée pour assumer des fonctions aussi nouvelles et aussi lourdes.

D'autre part, les établissements de crédit, ces dernières années surtout, ont, la plupart du temps, assuré leur vitalité par les seules opérations d'escompte et les gratifications qui leur étaient concédées au moment des emprunts ; de sorte que, progressivement, ils se sont éloignés du principe fondamental de la banque, auquel il est indispensable de revenir rapidement.

« Seul, un organisme bancaire central où seront concentrées les activités intelligentes de tous les grands établissements de crédit, sera capable de mettre à la disposition des producteurs les immenses avances qui leur sont nécessaires actuellement.

« Si l'on n'associe pas tous les établissements de crédit à cette œuvre de régénération nationale, si l'on ne sait pas faire appel aux compétences de tous ceux qui ont si largement profité des emprunts successifs, d'ici quelques années les organismes de crédit français ne répondront plus aux besoins réels et se verront contraints de cesser leurs opérations.

« Mais cette coopération des établissements financiers à l'organisation du crédit ne peut se réaliser sans une administration directrice et responsable, dont l'approbation sera requise pour chaque opération.

« Parallèlement, je procède à la réalisation d'un plan de remboursement partiel de la Dette publique. Je me propose, en effet, de remplacer les Rentes et Bons de la Défense Nationale par 180 milliards d'obligations amortissables en trente ans, et dites de l'Activité Nationale, la Banque de France ne devant remettre des billets à la Banque du Prêt National qu'au fur et à mesure de cette substitution.

« Ces obligations, du type 6 % net de tous impôts présents et futurs, avec lots, seraient émises par tranches successives par le Ministère des Finances. Elles seraient souscrites en Bons ou Obligations de la Défense Nationale ou en Rentes. La valeur de ces titres serait décomptée conformément aux clauses d'émission, ou, à défaut, suivant le cours moyen officiellement coté à la Bourse de Paris, la veille du jour où ils seront présentés à l'échange. L'émission serait faite suivant le procédé dit « émission au robinet » depuis longtemps appliqué par les compagnies de chemins de fer.

« Cette conversion des divers titres de créances sur l'Etat français en obligations amortissables a divers avantages :

« Elle consolide ces créances et substitue à des créances à court terme des créances à long terme. Actuellement, en effet, le Trésor vit sous la menace permanente de gros remboursements à effectuer. Or, ces remboursements ne pourraient s'effectuer qu'en multipliant les billets de banque et risqueraient d'affecter le change, puisque notre trésorerie accuse un total de 15 milliards environ de bons remis en paiement en Angleterre et en Espagne.

« Elle atténue les charges du Trésor, le service des obligations de l'activité nationale étant effectué par prélèvement sur les profits de la Banque du Prêt National.

« Elle assure l'amortissement en 30 ans de 180 milliards de dettes de l'Etat.

« Elle stimule les affaires en faisant disparaître des titres qui constituent un encouragement au moindre effort, qui paralysent la production en dépréciant les rentes et toutes les autres valeurs, qui draînent les économies du pays, qui grèvent le monde du travail de la charge de lourds intérêts au profit de ceux qui ne créent aucune richesse, qui sont, en quelque sorte, antiproductifs.

« Elle permet aux capitalistes français, réfractaires aux placements industriels et individuels, auxquels ils préfèrent les fonds d'Etat, de souscrire individuellement aux affaires agricoles, industrielles et commerciales en leur offrant une garantie collective. Les rentiers deviennent ainsi automatiquement les banquiers de la production : mais leurs arrérages, au lieu de leur être servis par la masse des contribuables, le seraient par ceux-là seuls qui utilisent le capital mis à leur disposition.

« J'espère qu'on ne me fera pas le reproche qu'on fait à ceux qui proposent, purement et simplement, d'augmenter sans contrepartie le montant des billets en circulation. Non, la création des obligations de l'Activité Nationale et l'émission consécutive de billets de banque ne fera pas baisser le cours du franc. Ces billets ne seront pas remis directement au consommateur ; ils seront confiés au travail pour la production. Ils seront mis en circulation par tranches, avec emploi déterminé et fixé d'avance.

« De sorte que le détenteur d'un titre de rente 3 % ou d'une obligation de la Défense Nationale qui voudra s'intéresser à la production nationale, devra vendre un titre, en échange duquel il ne recevra pas d'argent, mais une obligation de l'Activité Nationale.

« Les billets émis par la Banque de France et répartis par la Banque du Prêt National iront aux emprunteurs, appartenant à la collectivité : agriculture, industrie, commerce, régions libérées, départements, communes. Ils seront donc gagés par l'ensemble de cette collectivité qui apportera en garantie l'avoir de chacun, son travail et sa production. Les billets ainsi canalisés se transformeront rapidement en matières utiles de compensation et la fortune de la France s'augmentera proportionnellement à cette production. Loin de faire baisser le franc, cette opération le fera monter sensiblement à bref délai.

« La crise que nous subissons a pour causes profondes la rupture d'équilibre qui s'est produite entre l'argent en circulation et la production, la différence existant entre le pouvoir d'achat de la majorité des acheteurs et l'élévation du prix de la vie, la disproportion entre nos moyens financiers et l'importance de notre dette nationale, ce que nous résumons d'un mot emprunté à l'homme d'Etat allemand Walter Rathenau, l'écart entre « les symboles de valeur », et « les valeurs réelles ».

« L'idée que nous préconisons tend à faire disparaître le plus rapidement possible cette disproportion, à faire en sorte que nos bons, nos obligations, notre papier-monnaie, c'est-à-dire nos « symboles de valeur » correspondent bientôt à des valeurs réelles, qu'en regard de notre circulation monétaire, nous puissions bientôt placer une richesse matérielle qui la représente intégralement.

« Je prie encore qu'on ne nous traite pas d'*inflationnistes*. Ce serait une dérision. Que voulez-vous, au moment où j'ai conçu ma proposition, la France avait un fonds de roulement de 41 milliards composé de 3 milliards en espèces métalliques et de 38 milliards en billets, pour faire face à un budget ordinaire et extraordinaire de plus de 20 milliards représentant à lui seul

50 % de ce fonds de roulement. Depuis, les espèces circulantes ont diminué et le budget a augmenté. Avec moins de 30 milliards de billets, la France doit faire face : 1° à ses frais généraux ; 2° au paiement des intérêts de la dette (13 milliards !) ; 3° au paiement de l'amortissement de la dette ; 4° à l'exploitation de ses richesses ; 5° à l'organisation des crédits à long terme.

« Je compare en 1920 la situation de la France à celle d'un industriel ayant un fonds de roulement de 410.000 francs, et qui doit :

« Payer annuellement en intérêts 205.000 francs ;

« Amortir une dette de 3.020.000 francs ;

« Augmenter son matériel pour surproduire.

« La situation, aujourd'hui, est pire.

« Aussi qu'on n'applique pas le mot sans signification d'*inflationniste* à ceux qui cherchent seulement à utiliser dans les meilleures conditions les symboles de valeur que nous possédons pour qu'ils créent une valeur réelle, en un mot pour qu'ils produisent.

« Je suis d'ailleurs bien tranquille : il faudra y venir, à ce projet. Deux choses nous y contraindront : la nécessité et l'opinion publique. Le Parlement n'a pas enterré la question financière, ou si certains ont cru la coucher dans sa tombe, ils seront tout étonnés de la trouver debout, leur barrant le chemin. Il existe un problème financier, un mal financier, dont la France peut mourir, comme il existe un problème du Crédit, dont la bonne solution peut donner un magnifique essor à notre pays. Mon projet tend à rattacher l'une et l'autre solution.

« L'accueil que lui ont déjà fait plus de cent mille commerçants et industriels est significatif de l'intérêt qu'il présente. »

Ainsi se termina cette intéressante déclaration que nous aurions voulu, pour notre part, plus longue, tant M. Paul Bénazet y témoignait d'ardeur et de foi. Nos lecteurs en apprécieront, certes, la substance et la haute portée.

# M. Paul Aubriot

*Député de Paris*

---

M. Paul Aubriot a bien voulu nous recevoir dans son bureau de *Bonsoir* qu'il dirige politiquement avec l'autorité qu'on sait. Notre visite ne le surprend pas. Il est prêt à nous répondre. Comment ne le serait-il pas ? Voilà plus de cinq ans que la situation financière le préoccupe et qu'il demande à sa pensée, à son érudition et à son imagination les moyens d'équilibrer notre malheureux budget.

— Auriol pose bien la question, nous dit-il, mais je veux rattacher sa deuxième question à la première. Il n'y a pas de péril plus menaçant que celui de la dette flottante. Cette dette est un des éléments essentiels de l'équilibre du budget. On dit : 70 à 80 milliards de Bons de la Défense Nationale. Or, nous en avons l'aveu officiel, on ne sait même pas combien il y a de Bons de la Défense Nationale en circulation. Les conditions prévues à l'origine pour le contrôle de leur émission et de leur renouvellement ont été inapplicables en raison même de la multiplication imprévue de cette catégorie de titres.

« Mais je ne suis pas de l'avis d'Auriol, je ne pense pas qu'il faille consolider la dette flottante. Il serait infiniment préférable de la dégorger par un autre aménagement de notre crédit intérieur. Je me suis fait traiter d'inflationniste, malgré toutes les preuves du contraire que j'ai pu fournir, parce que j'ai proposé une large émission de billets de banque gagée sur la créance allemande. Mais y a-t-il chose qui puisse mieux répondre à la définition de l'inflation que cette Dette de 80 milliards ou plus, de Bons de la Défense Nationale, émis sans contre-partie ?

« L'objection la meilleure qui ait été faite à ma proposition est celle qu'on tire de la médiocrité du gage que représente la créance allemande. Eh bien, soit, la France ne peut-elle pas trouver un autre nantissement ? Il y en a de mille sortes. Tenez, les houillères, les compagnies de chemins de fer placent tous les jours des obligations dans le public. Pourquoi l'Etat ne se réserverait-il pas le privilège de l'ouverture des crédits aux Compagnies de chemin de fer et aux Charbonnages, pour constituer les obligations qui les représenteraient en nantissement de billets de banque qu'il livrerait ainsi à la circulation ? J'indique ce moyen en passant. Il y en a bien d'autres. Le tout est de déterminer le meilleur gage, de l'immobiliser et d'émettre en contre-partie des billets de banque.

« Au moyen de ces billets, l'Etat procéderait à un remboursement assez rapide des Bons de la Défense Nationale. L'opération serait rapide, mais non brutale. Je la vois assez bien réalisée en deux temps. Une réduction de l'intérêt de ces Bons excitera d'abord leurs porteurs à les échanger *volontairement* et dans une assez grande proportion, contre des billets de banque. Ainsi, sur les quatre milliards d'intérêts qu'ils nous coûtent aujourd'hui, nous en économiserons au moins deux. Les billets mis en circulation faciliteront la rentrée des impôts. Les affaires reprendront. L'impôt sur le chiffre d'affaires rendra, et encore plus l'impôt sur les bénéfices commerciaux et industriels qui sera nul pour l'exercice 1921. Je vois ainsi une plus-value de recettes de 3 milliards 1/2 dès la première année. Et j'atteins de la sorte le deuxième temps de l'opération, c'est-à-dire l'extinction complète des Bons de la Défense Nationale, réalisée vers la troisième année. Elle fera gagner à l'Etat 4 milliards d'intérêts et 2 milliards de plus-value sur le rendement des taxes économiques, soit 6 milliards en tout. Le budget sera équilibré.

« Qu'on se le dise bien, il est impossible de mettre le budget en équilibre en une seule année. Des artifices de comptabilité pourraient seulement servir à le promettre. La réalisation ne dépendra que d'une ventilation méthodique de la Dette flottante.

« Au bout de 3 ans, cette dette enfin disparue, je puis songer à l'amortissement de la Dette consolidée. L'opération préalable consiste à rendre la liberté au commerce des rentes. Une première baisse des cours s'ensuivrait, dont l'Etat profiterait pour racheter des rentes à bon compte. La hausse accompagnant la prospérité économique qui naîtrait de la diffusion des billets de banque, nous conduirait enfin au stade de la conversion.

« Voilà ma réponse au questionnaire de mon excellent collègue Auriol. Certains lui font déjà, je les entends, des objections. Lorsqu'on cherche à faire naître des idées nouvelles, on rencontre mille opposants qui trouvent dans les inconvénients des inventions de bonnes raisons pour chercher à les étouffer. Pourquoi ? Tout système, toute découverte, tout progrès même ont leurs inconvénients. Je me souviens de la lutte qu'il m'a fallu mener contre les techniciens militaires hostiles aux tanks. « Cible pour l'artillerie ! » criaient-ils. Oui, mais cible cuirassée et qui rendait les coups.

« Si ma solution au problème financier a ses inconvénients, elle a aussi l'avantage qu'on les connaît et que, les connaissant, on peut y parer.

« D'ailleurs, toute solution technique serait inopérante si, en l'appliquant, on ne s'inspirait de grands principes généraux. Tout d'abord, l'émission de nouveaux billets de banque ne doit nullement être une prime à l'accroissement des dépenses. Bien au contraire, elle doit être le signal d'une politique d'économies, et non pas d'économies sur les matières utiles, sur l'enseignement et les travaux publics, par exemple, mais sur l'armement. Je salue d'avance du nom de grand restaurateur de nos finances, l'homme d'Etat français qui le premier se proposera de fonder les Etats-Unis d'Europe.

« Point de restauration financière sans paix durable, sans paix véritable, sans organisation de la paix. Croyez-moi, je ne suis pas entêté. Qu'on me prouve qu'il y a de meilleurs systèmes que le mien, et je m'y rallie. Je suis partisan, par exemple, et en outre, du prélèvement sur le capital, mais dans un moment favorable et non en période de crise. Acceptez mon aménagement nouveau du crédit intérieur et, en quelques années, la prospérité économique sera telle qu'il deviendra possible et même facile, ce prélèvement...

« Avec la paix, bien entendu, avec la volonté de paix. »

Ainsi M. Paul Aubriot nous expliqua-t-il sa conception, avec la chaleur et la persuasion qu'il apporte dans ses moindres propos. Il ne nous restait qu'à l'en remercier. Nous voulons le faire encore ici, en nous excusant si notre plume n'est pas absolument fidèle à rendre la précision de la véritable « consultation » que notre hôte nous accorda.

---

# M. Pierre Forgeot

*Député de la Marne*

---

L'idée de confronter, assez loin de la Tribune, mais sur les confins du Forum, les opinions des producteurs, des politiques et des administrateurs, en ce qui concerne les finances du temps, semble séduire particulièrement M. Pierre Forgeot. Nous nous en félicitons, car il est de ceux dont il nous avait paru indispensable de recueillir l'avis, quand le plan de cette enquête a été arrêté. Il entre, d'ailleurs, dès le début de l'entretien, dans le vif du sujet :

— Un premier point, nous dit-il, doit être traité : il faut que l'Allemagne tienne ses engagements, il faut qu'elle exécute ses promesses, il faut qu'elle paie. C'est une nécessité matérielle et morale.

« Je dis nécessité matérielle, car la France ne saurait se rétablir sans que soit achevée la juste réparation que lui doit un ennemi vaincu qui n'a pas été, comme elle, ravagé et ruiné, saccagé dans ses œuvres vives. Il n'y a pas de villes détruites, en Allemagne, ni, comme chez nous, des provinces entières dévastées. Ce pays a accepté, en signant la paix qu'il a demandée, de réparer, de reconstruire ce qu'il a détruit chez nous, et que nous sommes trop atteints pour réparer nous-mêmes. L'attente de sa bonne volonté n'a que trop duré : la France en est matériellement exténuée.

« Je dis nécessité morale. Si elle ne payait pas, c'est tout le problème d'une nouvelle guerre qui se poserait. De la violation du traité de paix, en ce qui concerne les clauses économiques, à sa violation, en ce qui concerne les clauses militaires, il n'y a qu'un pas à franchir.

« Maintenant, comment faut-il faire payer l'Allemagne ? Evidemment, il serait inutile de lui demander de l'argent ou des devises étrangères, car elle n'en a pas, ou pas assez. Il faut qu'elle s'acquitte en nature. Bien des procédés me viennent en tête. Pourquoi ne pas exiger d'elle, par exemple, l'attribution à la France de la moitié des immeubles de telle ville, de Berlin, de Cologne, etc..., ou telles forêts domaniales, ou tel grand service rémunérateur ? Réparations en nature et gages, voilà ce qu'il nous faut. C'est dire que j'approuve pleinement les accords de Wiesbaden et les accords particuliers passés avec l'Allemagne. La possibilité d'une alliance franco-anglaise ne m'émeut pas beaucoup. Je ne nie pas qu'elle ne présente un très grand intérêt; mais ce n'est pas par là faiblesse qu'on l'obtiendra.

« Ceci établi, il n'en est pas moins vrai que la France a de gros besoins d'argent quand ce ne serait que pour avancer aux sinistrés ce que l'Allemagne devra nous rembourser. Eh bien, je pense qu'on ne peut s'en procurer que par des moyens tout à fait nouveaux. Hélas ! dirai-je par parenthèse que je ne crois pas que ce soient les gens aujourd'hui au pouvoir (1) qui cherchent jamais à faire du nouveau ? Les plus jeunes « chéronisent » déjà et, classiquement, pontifient. Quoi qu'il en soit, leurs successeurs se trouveront devant les immenses besoins du guichet. Comment les satisfaire ? En faisant du billet de banque ? C'est simple, c'est dangereux, mais non pas tellement qu'on veut bien le dire. Et c'est moins dangereux, en tout cas, que de faire disparaître du billet de banque.

« Nous avons eu le tort de fixer le chiffre exact de la dette allemande en or, dans un moment où le franc-papier était très bas. Il nous fallait 200 milliards des francs-papier de ce temps-là, c'est-à-dire 66 milliards de marks-or. Nous voilà ainsi garantis contre les hauts et les bas du mark-papier, mais pas du tout contre les hauts et les bas du franc-papier : En ce temps-là, j'ai fait remarquer qu'on jouait un coup de dés sur le change et que si les cours du franc s'amélioraient, les paiements allemands perdraient une grosse partie de leur valeur.

« Je n'ai pas été écouté, et c'est dommage, car déjà nos 66 milliards de marks-or ne font plus que 160 milliards de francs-papier,

(1) Interview prise avant la démission du cabinet Briand.

et si le franc revenait au pair, ils n'en feraient plus que 85. Et ce n'est pas du tout ce qu'il nous faut. Nous sommes bien loin de compte. Au plus juste prix, il nous faut nos 200 milliards de francs-papier. Donc l'amélioration des cours du franc constitue pour nous un gros danger, tandis que la baisse du franc, produite par une inflation raisonnable, augmenterait la valeur des paiements de l'Allemagne. Et nos pensions, et les sommes déjà payées aux sinistrés, et les rentes ? Tout cela est libellé en francs-papier, tout cela ne peut être touché par la conversion, et tout cela prend des proportions énormes, tout cela devient écrasant sitôt que le franc monte un peu.

« Voilà pourquoi il est nécessaire que le franc conserve sa dépréciation, il est indispensable, dirai-je plus, qu'il reprenne celle qu'il avait au 1er mai 1921.

« Entre tous les projets d'inflation fiduciaire gagée, le plus sage me paraît celui de M. Durand, exposé dans le dernier numéro de novembre de la *Grande Revue*. Je m'y rallierais volontiers. Supposons que nous trouvions demain dans Paris un trésor de 20 milliards en or. Nous le portons à la Banque de France et nous émettons vingt milliards de billets de banque. Vous m'accorderez qu'ils ne détermineront pas d'inflation. Si ce trésor était fait de diamants, une émission concordante enflerait-elle la circulation fiduciaire ? Non, l'inflation correspond à ce qui dépasse le gage immobilisé. Et si ce trésor, ce gage, étaient constitués par des titres de rente ? C'est là toute l'économie du projet Durand, qui me paraît susceptible de lancer dans la circulation les billets de banque dont l'Etat, l'industrie et le commerce ont tant besoin, sans pour cela affaiblir la valeur réelle de l'ancien billet de banque comme du nouveau.

« Cette émission peut être conjuguée avec des procédés nouveaux d'emprunts. Sans déflorer aucun projet dont je peux avoir connaissance, je vous citerai par exemple, les emprunts à lots, réalisés sous une forme populaire, attrayante.

« Je ne crains pas d'ajouter que je suis pleinement partisan de la liquidation éventuelle des monopoles. S'il y a de l'argent à gagner de ce côté, l'Etat serait bien coupable de ne pas liquider ceux de ses monopoles qui pourraient lui rapporter quelque chose.

« Je vous ai exposé d'une façon sommaire quelques idées sur la nécessité et la modalité des paiements de l'Allemagne, puis sur des solutions nouvelles des problèmes de trésorerie. Voyons un peu la question des impôts.

« En matière d'impôts, nous vivons sous un régime paradoxal. Nous avons fait un impôt sur le revenu, dont le rendement utile supposerait que toutes les fortunes privées fussent produites au grand jour. Ainsi, ce qui est bien visible, les terres, les immeubles, les maisons de commerce, les usines, les titres nominatifs, tout cela acquitte congrument ses impôts particuliers et aussi l'impôt global sur le revenu. Mais les titres au porteur ? Je pense qu'il y a plusieurs centaines de milliards de titres au porteur qui paient bien l'impôt cédulaire sur le coupon mais qui n'acquittent que dans une proportion dérisoire l'impôt sur le global et l'impôt sur les successions.

« Avant de faire un impôt sur le capital qui, je le reconnais, est en principe le plus juste de tous, il faut exiger la mise au nominatif de tous les titres au porteur. Par là, nous augmenterons, nous doublerons peut-être le rendement de l'impôt sur le revenu.

« Pour terminer, car bien que le sujet soit inépuisable, il faut l'abandonner, je vous répéterai mes premières paroles touchant les réparations. Le problème des réparations est essentiellement lié à celui de la paix. »

---

# M. Georges Noblemaire

*Député*

*Administrateur du P.-L.-M.*

*Président de la Commission de Contrôle de la Société des Nations*

---

Chez M. Georges Noblemaire, nous nous attendions bien à rencontrer des suggestions de l'ordre pratique et une critique pleine de bon sens de certains systèmes et de certaines possibilités dont on se berce paresseusement. Pour l'éminent administrateur qu'est M. Noblemaire, la question financière se trouve toute entière conditionnée par celle des réparations. Nous l'allâmes justement voir au lendemain de la chute du cabinet Briand.

— Qui sera ministre des finances ? Je n'en sais rien, dit-il. Mais quel que soit le mortel heureux, ou pour mieux dire infortuné, que l'on désignera, je pense qu'il ne se bornera pas à mettre un peu d'ordre dans la maison de la rue de Rivoli, qui en a pourtant grand besoin. Tout d'abord, il devra choisir entre toutes les politiques de réparations et malheureusement, dans les cartons des novateurs, je vois peu de doctrines réalisables.

« Les uns proposent tout net de saisir une partie des biens allemands. C'est une politique de force... et de Gribouille ! Je nous vois, seuls ou à peu près, peut-être flanqués d'un Tchéco-Slovaque et d'un Belge (encore n'est-ce pas sûr), je nous vois poursuivant et saisissant à travers l'Allemagne des biens imaginaires ! Derrière chaque huissier, il faudra d'abord une compagnie, puis un régiment, puis une division. Alors, c'est l'occupation, la guerrilla, et chaque mark saisi nous en coûtera cinq ou six, tant pour l'opération que pour l'entretien du gage. Il y a un peu plus de trente-cinq millions de Français et un peu moins de soixante millions d'Allemands, ne l'oublions pas. Cette politique de force était possible au lendemain de la guerre, et sans doute eût-il mieux valu que l'armistice fût signé quinze jours plus tard.

Car tous les malheurs d'une paix que nous avons ratée proviennent de trois causes principales : 1° l'incroyable stupidité psychologique qui a fondé le Traité de Versailles sur la rémanence, sinon la permanence, d'une alliance avec des camarades de combat, qu'il n'avait pas été déjà si facile de maintenir dans la même ligne, alors qu'ils luttaient sous les mêmes obus, pour la même cause, et devant le même danger ; alors que les principaux de ces camarades étaient des Anglo-Saxons, une race qui a toujours voulu et voudra toujours ses mains libres ; et alors que les difficultés de la paix devaient, très vite, mettre leurs intérêts économiques, donc leurs vues politiques, en divergence, sinon en opposition, avec les nôtres ; 2° l'erreur de signer l'armistice sur notre sol, de ne pas continuer la guerre les 2 ou 3 semaines qu'il eût fallu pour entrer à Metz tambour battant, imposer à l'Allemagne la sensation de sa défaite, et empêcher les soldats allemands de rentrer à Berlin sous des arcs de triomphe ; 3° la naïveté d'affirmer une hypothèque sans prendre de gages, alors que nous avions toute force, militaire et morale, pour les prendre !

Mais aujourd'hui ! Comment y prétendre efficacement ?

Il y a plus de trois ans qu'il eût fallu saisir le gage allemand. A l'heure où nous sommes, je crains que les temps ne soient révolus, et je pense que la politique de force serait aussi follement dispendieuse que malaisément réalisable au point de vue matériel, insupportable au point de vue moral à une opinion mondiale dont nous ne pouvons nous passer, pour aboutir, financièrement, à un résultat déficitaire.

« Non ! voyez-vous, c'est ailleurs qu'il faut chercher, puisqu'ici le moins qu'on puisse dire est qu'il est trop tard !

« Alors ? il reste la politique insidieuse, la force camouflée, et le projet d'une Commission de la Dette allemande administrant, en territoire germanique, tels biens collectifs du Reich, sinon les finances mêmes du Reich. C'est en somme la forme bénigne de la politique de force. Je la crois tout autant irréalisable. On peut employer ce système, ce « protectorat », ce « contrôle dictatorial » dans les pays mineurs dont les gouvernements sont faibles, auxquels on a « *prêté* » de l'argent pour les mettre en valeur, et dont les ressources consistent dans deux ou trois gros monopoles qu'on gère à peu près directement bien plutôt qu'on ne les contrôle. Mais croyez-vous que l'Allemagne se laisserait aussi facilement turquifier ? Je suppose qu'elle accepte la création de la Commission de la Dette et que celle-ci s'installe en Allemagne. Qu'y fera-t-elle ? qu'y verra-t-elle ? qu'en obtiendra-t-elle ? Rien.

« Au point où en sont les choses, je voudrais que ce fût par l'intérêt même qu'on persuadât l'Allemagne d'acquitter son dû. Nous n'avons guère plus d'autre arme à notre disposition aujourd'hui. Tâchons de nous en bien servir.

« Réduisons le problème à sa plus simple expression et occupons-nous, c'est déjà beaucoup, de la réparation des biens. Ce qu'il en reste à faire représente 40 milliards de francs-or, soit 32 milliards de marks-or. Où pourrions-nous bien les trouver ? J'en vois déjà une bonne partie dans ce trésor que la finance et haute industrie allemandes ont disséminé par tout l'univers dans des cachettes introuvables.

N'oublions pas que le Traité de Versailles nous nantit d'une hypothèque générale sur les biens, non seulement du Reich mais aussi de tous les ressortissants du Reich, donc sur ces biens émigrés en particulier. Mais les cachettes sont sûres et nous ne reverrons un pfennig de tout cet or, que nous avons bêtement laissé s'expatrier, qu'autant que ses propriétaires le voudront bien. Le problème consiste donc à les *intéresser* à ouvrir leurs cachettes. Je ne vois pas que ce soit impossible.

Ce trésor — or, valeurs ou devises étrangères, objets précieux et titres de propriété de toute nature — certains l'évaluent à 20 milliards de marks-or. C'est exagéré : je ne pense pas qu'il atteigne 15 milliards. Mais c'est presque la moitié de ce qu'il nous faut, et je vois là tout de suite une opération de crédit à proposer aux détenteurs de ces 12 à 15 milliards de marks :

« D'une part, ils mettent leur or à la disposition de l'industrie française à charge pour elle de l'employer intégralement dans les régions dévastées. Entendez-moi bien, il n'est pas question d'attribuer ce crédit aux finances de l'Etat, à ce tonneau des Danaïdes ! C'est l'industrie qui en profite, qui s'en sert et qui prend à charge les travaux de réparation et d'équipement des régions dévastées.

C'est elle qui aura l'obligation d'en servir les intérêts, et l'opération se traitera de syndicat à syndicat avec intervention directrice d'un organisme tel que le Crédit National, car il va de soi que l'Etat doit garder droit de regard et de contrôle. D'une autre part, pour le remboursement du capital, qui incombe en définitive à l'Allemagne, les industriels et les financiers allemands se retourneront vers le Reich et lui diront : « Nous avons sauvé « la situation, déléguez-nous, pour nous rembourser, tels ou tels « biens d'Empire, les monopoles d'exportation, par exemple. »

« Je vois là une solution extrêmement pratique. C'est une solution « d'affaires ». Elle me paraît donc faisable. Elle serait à la fois le complément et le correctif de l'accord de Wiesbaden, puisqu'elle demande aux Allemands ce qu'ils peuvent fournir, sans nuire à l'industrie française en lui chipant son travail. Elle est avantageuse pour la France, qui fait avancer d'un large pas, au bénéfice de son industrie, la question de la reconstruction. Il sera beaucoup plus facile, alors, à la coopération interalliée de faire elle-même à l'Allemagne les avances à long terme nécessaires à la reconstruction de la moitié non couverte par l'opération de crédit. Elle est avantageuse pour les financiers et les industriels allemands, qui ne perdent absolument rien. Avantageuse enfin, elle l'est même pour l'Allemagne, dont elle assied la situation mondiale.

D'ailleurs, je n'en vois guère d'autre possible. Tout ce qui, en Allemagne, avait une valeur mobilisable, n'est plus en Allemagne. Dans ce pays, l'ami Forgeot ne saisira rien, que des usines qui ne marcheront plus dès que l'ami Lefèvre aura mis la main dessus, que des tableaux invendables ou des immeubles qui ne trouveront pas plus d'acheteurs que de locataires.

« Les industriels et les financiers allemands auraient le plus grand intérêt à réaliser cette opération. Je ne vous rappellerai pas ma controverse, qui dure encore, avec M. Léon Daudet, sur l'existence de deux Allemagnes. Il n'y a pas deux Allemagnes, pour une bonne raison, c'est qu'il y en a au moins quatre. Et je les énumère :

« 1° L'Allemagne de la revanche, des junkers ;

« 2° L'Allemagne des hobereaux financiers ou industriels. Ces deux-ci ont longtemps été unies, et la deuxième a organisé financièrement cette armée de cadres que la première veut utiliser pour ses projets revanchards et pangermanistes, et la seconde pour se défendre contre la révolution ;

« 3° L'Allemagne socialiste de gouvernement ; Wirth et sa clientèle. Nous avions misé sur cette carte ; je commence à craindre qu'elle ne soit qu'un atout médiocre ; et le parti qui la représente, obligé à une politique somptuaire et démagogique, a déçu nos espoirs ;

« 4° L'Allemagne qui souffre, la petite bourgeoisie, le rentier, le boutiquier, prêts à se porter vers tout libérateur.

« Nous n'avons pas à nous occcuper de la politique intérieure de l'Allemagne. C'est une affaire entendue. Mais devons-nous ignorer que les industriels et les financiers allemands ont une peur effroyable de la révolution ? Le spartakisme n'est pas mort, dans ce pays. Et un cataclysme facile à prévoir unira bientôt, on peut le supposer, dans un mouvement de révolte, l'Allemagne qui souffre et l'Allemagne socialiste alors déçue. On a dit que la faillite de l'Allemagne était purement monétaire. Mais il n'est guère d'exemple qu'une faillite monétaire ne conduise pas à la faillite économique. Les stocks de matières premières vont s'épuiser dans ce pays, et le travail s'arrêtera. Qui pourra nous dire ce qu'il adviendrait alors d'une Allemagne avec deux ou trois millions de chômeurs ?

« Cette question, industriels et commerçants allemands se la posent avec plus d'angoisse que nous. Et ils accepteront avec joie toute opération qui tendrait, sans perte finale pour eux, à rapprocher l'Allemagne des nations civilisées.

« En tout cas, il faut se décider avant que n'arrive la faillite économique et n'éclate la révolution, là-bas, et tant que nous avons barre sur ces financiers et industriels. L'opération n'a rien de désobligeant pour notre honneur national. Elle implique, dans le profit, une part de générosité profitable à son tour à l'honneur français.

« Il va sans dire que ce n'est point avec cette douzaine ou cette quinzaine de milliards que sera résolu le terrible problème de la reconstruction économique du monde. Mais vous conviendrez que la solution en serait ingénieusement et pratiquement amorcée.

« Et alors on pourra poser et peut-être trancher une question qu'il est impolitique et illusoire de poser dès à présent, et qu'il sera impossible de traiter tant qu'aucun pas n'aura été fait, analogue de plus ou moins loin à celui que j'indique, dans la voie pratique des réparations. Cette question est celle de la compensation ou de l'annulation des dettes interalliées et, dans le bilan général du monde éprouvé par la guerre, le passage par profits et pertes de tout ce qui n'est pas « réparations », peut-être même et seulement « réparations des dommages faits aux biens ». Tout compte fait, je pense que tout le monde y gagnerait, et la France la toute première.

« Les Anglais étaient tout préparés, nous a-t-on dit, à passer leur éponge sur notre ardoise. Les Américains un peu moins, et je crois qu'il serait fort maladroit de leur représenter aujourd'hui, ce qui pourtant est à mon avis équitable, que les flots de sang français versé pendant la guerre, font la parité avec les paquets prêtés de dollars. Mais, quand ils verront amorcée une opération, positive et intéressante pour tous, analogue à celle que j'ai envisagée, je suis convaincu que leurs oreilles, leurs cœurs, leurs bourses s'ouvriront fort aisément. Car le cauchemar, pour eux, c'est cet absurde échelonnement sur 30, 40 années, ou plus, des versements allemands et l'effroyable instabilité économique qui, pendant tout ce temps, balkaniserait l'Europe et troublerait intolérablement leurs propres affaires.

« Je ne me dissimule aucune des difficultés auxquelles se heurte la mise en œuvre de mon idée et je vois tout ce que sa réalisation finale laissera encore à faire. Mais, à peu près dans toute autre direction et par tout autre système, ce ne sont pas des difficultés, ce sont des impossibilités que je vois. Alors je voudrais bien qu'on tentât un essai loyal dans la voie que j'indique et à laquelle, au demeurant, vous imaginez bien que je ne suis pas le seul à avoir pensé, en France et ailleurs.

« Le malheur c'est que depuis qu'on a commencé d'y penser, il y a eu Washington, où nous n'avons guère à nous féliciter d'être allés puisque nous y arrivâmes avec des prétentions un peu bien niaises d'arbitres et qu'on nous y fit prendre posture intolérable d'accusés ! Il y a eu Cannes, qui a posé des problèmes dangereux et qui a tourné court avant d'avoir pu orienter ces problèmes vers des solutions sages. Il va y avoir, peut-être, Gênes, et peut-être *sans*, peut-être *contre*, la Société des Nations, donc sans ou contre les Traités... Et alors, avec les dispositions dans lesquelles Wirth et Rathenau viendraient à Gênes, pour s'y asseoir aux côtés de Tchitcherine et de Krassine, on peut se demander si, pour une combinaison du genre de celle que j'ai esquissée, il ne serait pas déjà trop tard ? Ah ! ce fatal « trop tard », que de fois aurons-nous dû le prononcer en nous frappant la poitrine !

« Mais non ! comme dit « l'homme dans la rue » il n'est jamais trop tard pour bien faire et c'est toujours la raison de l'homme dans la rue qui finit par avoir raison. »

---

# M. Francis Delaisi

M. Vincent Auriol demande de l'aider à mettre le budget de la France en équilibre. Cela est fort aimable, mais est-ce bien sérieux ?

Car enfin y a-t-il vraiment un budget en France, et peut-il y en avoir un ?

Je viens de lire les deux gros volumes rédigés par le rapporteur général, M. Bokanowski. Il en ressort, à l'évidence, que ni lui, ni M. Doumer, ni personne dans le Gouvernement ni la Commission, n'a jamais pensé à établir un programme de dépenses et un programme de recettes se faisant équilibre, ce qui est proprement, si je ne m'abuse, la définition d'un budget.

Le semblant d'ébauche qu'ils soumettent au pays est tellement caricatural que, si la situation n'était pas si grave, on pourrait le croire fait avec la collaboration des humoristes de la République de Montmartre.

D'abord MM. Doumer et Bokanowski établissent un premier budget, dit « général » (car il y en a plusieurs, et c'est déjà drôle) ; gravement ils inscrivent dans la colonne des dépenses, le chiffre 24.953 millions ; et dans la colonne des recettes, ils mettent 23.718 millions. Voilà donc déjà le déséquilibre qui commence.

Avec quoi couvrira-t-on ce déficit de 1.235 millions ?

Avec des impôts nouveaux ? Non, dit le rapporteur, le public en a assez. Avec des emprunts ? Non encore, car les affaires étant mauvaises, et la rente n'étant plus négociable, le public ne souscrirait pas.

Alors ? — Eh bien, on se débrouillera. Evidemment, mais cela, c'est le système D., ce n'est pas un budget.

Un milliard, direz-vous, ce n'est pas une affaire. — Je le veux bien. Mais voici qu'à la page 16 du rapport de M. Bokanowski, je découvre un petit tableau des « Comptes spéciaux » ; il y en a 33, concernant les avances aux gouvernements étrangers, aux industries de guerre, aux coopératives, les achats de blé, farine, pétrole, les chemins de fer, les bateaux, etc...

Chacun de ces comptes a ses recettes et ses dépenses propres, qui ne figurent pas au budget général.

M. Bokanowski lui-même dénonce « *ces cachettes multiples, ces boîtes à surprise où des fonctionnaires, sans y prendre garde et sans qu'on puisse s'en douter avant que le mal soit irréparable, créent et recréent le déficit budgétaire.* »

Alors, comment ose-t-on nous proposer sérieusement de chercher à établir un équilibre budgétaire ?

En fait, au 30 juin dernier, l'ensemble de ces « comptes spéciaux » depuis le début de la guerre accusait une perte nette de 17 milliards 958 millions. Une bagatelle, comme vous voyez ! Pendant le dernier exercice, le déficit a été de 3 milliards 200 millions. Que sera-t-il en 1922 ? Personne ne saurait le dire ; surtout si l'on songe, comme le dit le rapporteur, à les liquider.

Mettons que les pertes se maintiendront à la même somme. Cela nous fait, en les additionnant avec le déficit déjà reconnu du budget « général », un découvert de 4 milliards et demi.

Pour commencer l'année, ce n'est pas mal.

Et les gens graves qui appellent ce château de cartes en porte-à faux un « budget » peuvent être qualifiés de pince-sans-rire.

Notez que, dans ce déséquilibre, l'Allemagne n'est pour rien. Il ne s'agit là que des dépenses qui, en tout état de cause, retombent sur les contribuables français ; et le déficit de 4 milliards et demi (au moins) est acquis, même si le Reich exécute ponctuellement les versements prévus au Traité de Versailles.

Les dépenses à rembourser par l'Allemagne sont portées à un budget spécial (encore un) !

Elles comprennent :

*a*) Les sommes nécessaires à la reconstruction des régions dévastées. D'après M. Bokanowski, il reste encore pour 70 milliards de travaux à faire. En les répartissant sur 10 années —

ô sinistrés ! ayez de la patience ! — cela fait 7 milliards à inscrire au budget de 1922.

b) Les pensions aux mutilés, veuves, etc., soit : 4 milliards.

c) L'intérêt des avances déjà faites pour le compte de l'Allemagne, soit 2 milliards.

Au total 13 milliards.

Quant aux recettes, elles se composent, en principe, des intérêts des Bons A et B émis par le Reich en exécution du traité de Versailles. La part de la France étant de 52 % du total, cela ferait, au cours actuel du dollar, 4 milliards 800 millions de francs.

Même si l'Allemagne versait exactement cette somme, il faudrait qu'elle y ajoutât encore plus de 8 milliards pour que le budget des pensions et de la reconstruction fût en équilibre.

Mais tout le monde sait que le Reich ne versera pas cette somme. Bien mieux, l'état de ses finances est tel que nos alliés proposent de lui accorder un *moratorium* de deux ans : c'est-à-dire qu'en 1922, nous n'encaisserons vraisemblablement rien du tout.

Je sais bien que, cette fois, ce n'est pas notre faute, et j'entends des gens réclamer des mesures énergiques, sans penser qu'elles coûteraient cher, et que, — en admettant que nos co-créanciers nous laissent faire — elles risquent fort d'absorber et au delà les sommes recouvrées.

Quoi qu'il en soit, voilà une dépense de 13 milliards en face de laquelle personne ne peut mettre, aux recettes, un chiffre quelconque.

Dans l'ensemble, la situation pour 1922 peut se résumer ainsi : 41 milliards de dépenses (25+3+13) et 23,7 milliards de recettes.

On reconnaîtra sans peine que les Messieurs graves qui appellent cela un budget sont des humoristes qui s'ignorent.

— Mais, direz-vous, ces gens nous conduisent à la faillite !

— Rassurez-vous, ils ont trouvé un moyen de se tirer d'affaire. La Commission des finances propose simplement d'autoriser le Gouvernement à émettre, quand il lui plaira, au cours de l'année, pour 10 milliards de bons du Trésor et d'obligations à court terme. Il les emploiera au fur et à mesure à combler les trous de ses divers budgets. Liberté complète, puisque aucune affectation spéciale n'est fixée à aucune partie de ces « ressources de trésorerie ». Pas de responsabilité, puisque la Cour des Comptes ne contrôlera que dans cinq ou six ans, — quand les intéressés n'y seront plus.

On peut penser si les millions fuiront par tous les trous des « comptes spéciaux ! » Mais ils ne seront pas perdus pour tout le monde.

Et voilà, comment, dans le budget le plus déficitaire que la France ait connu, on aura organisé le maximum de gaspillage. C'est M. Bokanowski lui-même qui nous le dit :

« *Il est depuis longtemps reconnu, écrit-il dans son rapport, page 31, que l'ouverture d'un compte spécial a toujours fatalement pour objet ou pour effet d'affaiblir le contrôle des Chambres sur les dépenses qui y sont inscrites, de diminuer ou de supprimer la publicité des opérations ainsi artificiellement mises à part, de compliquer la comptabilité et par là même d'en rendre moins clairs les résultats ; enfin, et par voie de conséquence, d'alourdir les services de trésorerie de l'Etat.* »

Il est impossible de juger plus sévèrement l'œuvre dont M. Bokanowski lui-même a pris la responsabilité devant le pays.

Quelles en seront pour nous les conséquences ?

Notre dette flottante qui est déjà de 93 milliards passera à 103 milliards (et si l'Allemagne ne paye rien, à 110 milliards). Toute l'épargne française et les disponibilités des banques continueront à être absorbées par le budget, laissant de moins en moins de capitaux à la portée de l'industrie et aggravant le marasme des affaires.

Supposons qu'un incident quelconque — conflit avec l'Angleterre, troubles militaristes en Allemagne — provoquent l'inquiétude de l'opinion ; les particuliers ne renouvelant pas leurs bons à l'échéance, le Trésor se trouvera brusquement incapable de payer les coupons de sa dette et les traitements de ses fonctionnaires.

Avec un budget équilibré par des emprunts à la petite semaine, nous sommes à la merci d'un événement extérieur.

— Fort bien, me dit-on. Mais, quel remède proposez-vous ?

— Assurément, je pourrais présenter comme tout le monde mon petit cataplasme : émission de billets de banque, mobilisation des terres et usines, emprunt forcé et autres panacées.

Mais à quoi bon chercher à drainer de nouvelles ressources vers un gouffre sans fond ? Que faire avec une « pompe à phynances », qui par mille trous laisse passer la matière imposable ? Et pourquoi chercher à remplir un tonneau d'où les milliards fuient par les trente-trois fissures des comptes spéciaux ?

Que penser d'un Parlement qui accepte 17 milliards de dépenses non couvertes, qui signe, en blanc, un bon de 10 milliards à ses Ministres sans en préciser l'emploi, et qui, à l'heure la plus tragique de notre histoire financière, abdique la prérogative essentielle du régime républicain ?

Le mal n'est pas budgétaire, il est organique et constitutionnel. Ce sont les méthodes même de gouvernement et de contrôle qu'il faut changer. Tant qu'on n'y sera pas parvenu il ne servira de rien de tirer de nouveaux paiements du contribuable français ou allemand.

D'abord et avant tout, il faut rétablir en France la République, c'est-à-dire arracher les finances publiques à l'arbitraire et au désordre. C'est ce que veut tenter, m'assure-t-on, la Ligue de la République. Les citoyens-contribuables l'y aideront-ils ?

---

# M. Ernest Tisserand

L'enquête de M. Vincent Auriol porte, je m'en avise, sur tout le problème financier national et international. C'est dire si elle peut susciter de longues réponses ! Pour ma part, je voudrais cependant y répondre brièvement. Car j'estime que les problèmes financiers sont des problèmes mathématiques, au bas desquels il faudrait toujours trouver un c. q. f. d.

Hélas ! ce n'est pas ce que la Chambre des Députés nous a offert ; elle nous a encore fait débiter des discours, tous contradictoires, magnifiques, applaudis et inutiles (1). Le moindre tableau noir avec un bout de craie aurait bien mieux fait notre affaire.

Premier principe : on ne fait pas de « finances » à la tribune. Tant que la Chambre et le Sénat ne réformeront pas leurs méthodes de travail, il n'en pourra sortir aucun budget sincère, aucune loi fiscale juste, aucune résolution profitable. Ces députés ou sénateurs qui entassent des phrases sur l'inflation, la dette allemande, les réparations, l'emprunt forcé, etc..., sont attristants. La plupart de leurs discours sont l'aveu d'une totale incompétence financière. J'en demande bien pardon à ceux de mes amis qui, dans les récentes interpellations financières, ont dit des choses justes et raisonnables, mais j'aurais encore préféré qu'ils se tinssent à leur place, muets, indifférents. Il ne serait même pas resté, de ce verbiage, le souvenir de leurs justes observations. Il n'en serait rien resté, rien, rien, absolument rien.

Tenez, votre enquête se présente dans des conditions infiniment plus favorables que cette ennuyeuse logomachie. Elle a le mérite du choix et de la précision. M. Auriol y fera comprendre plus facilement qu'à la Chambre ses excellentes questions. Et

(1) Ecrit en fin novembre 1921.

je ne doute pas que les gens qui ont tout de même quelque teinture des « finances » historiques et théoriques, et qui les ont pratiquées aussi ne se plaisent, comme je le fais, à vous répondre.

Comment équilibrer le budget, en déficit de 5 milliards, et ne plus le gonfler par des emprunts nouveaux ? demande d'abord M. Auriol.

Par un procédé, très simple, et d'ailleurs double : *a*) le choix d'un Ministre des Finances en dehors du monde parlementaire et du monde des affaires, c'est-à-dire en dehors des camaraderies et des camarillas, comme à l'abri des soucis électoraux et commerciaux. Je proposerai un savant. Il y a dans nos Facultés de Droit des professeurs de science des finances, jeunes, énergiques et autoritaires. M. Gaston Jèze ferait un ministre des Finances comme nous n'en avons JAMAIS eu ; *b*) étendre les pouvoirs de ce ministre des Finances en ce qui concerne : 1° l'établissement des projets de budget des différents chapitres ; 2° le contrôle de la gestion financière des différents ministères.

Tant qu'on prendra les ministres des Finances parmi les députés, les sénateurs ou les banquiers, et tant qu'ils n'auront pas le droit de regard sur la valse des milliards chez les collègues, il est bien inutile de voter le budget. Donnez-nous un administrateur indépendant et puissant, qui commence, tenez, par envoyer promener cette séparation scandaleuse en budget extraordinaire, budget ordinaire, dépenses recouvrables, etc. Tout cela est fait pour tromper le public. C'est de la fraude volontaire et réfléchie. Et je sais bien que M. Auriol lui-même alimenterait son budget par des emprunts nouveaux s'il prenait le pouvoir demain devant cette Chambre où sa personne sympathique est aimée, et où ses pouvoirs ne seraient pas étendus au delà de ce que sont ceux de cet excellent M. Paul Doumer.

Dans son enquête, M. Auriol demande ensuite comment on pourrait consolider la dette flottante de 70 à 80 milliards, dont le remboursement rapide, etc... et comment on pourrait amortir une dette publique dont le poids, etc...

Pour ma part, je ne vois aucun intérêt à consolider la dette flottante, car si nous la consolidons, nous en faisons une dette publique qu'il faut alors amortir, car son poids, etc...

8

Non, je préfère de beaucoup annuler toute la dette flottante et la plus grosse partie de la dette consolidée par une bonne opération de prélèvement sur le capital.

J'avoue que je ne vois pas le prélèvement sur le capital sous la forme où le conçoivent la plupart des réformateurs républicains. Pour moi, le prélèvement sur le capital doit tendre à récupérer toute la dette flottante et toute la partie de la dette consolidée qui n'est pas affectée à des dotations, fondations, réserves légales, remplois, etc... Trois stades dans sa pratique : 1° stade d'évaluation ; *a*) évaluation de la dette de l'Etat à recouvrer (180 milliards environ, sur 210 que constituera bientôt la dette intérieure ; *b*) évaluation de la fortune nationale. Je suppose qu'elle soit de 540 milliards ; 2° stade de paiement global.

$\frac{540}{180} = 3$. Chacun aura environ le 1/3 de sa fortune à verser, mais uniquement en titres de la dette flottante ou de la dette consolidée. Néanmoins, à l'exception des rentes correspondant à des dotations, etc... tout le monde devra restituer à l'Etat l'intégralité des titres dudit Etat, qu'il détient. Trois catégories de restitutions : *a*) de ceux qui possèdent juste la quantité de titres qu'ils ont à acquitter en règlement de leur contribution. De ceux-là, le compte est réglé ; *b*) de ceux qui ont trop de titres, qui en livrent plus qu'ils ne devraient ; *c*) de ceux qui n'en ont pas assez. Les contribuables de l'espèce *b*) acquitteraient en quelque sorte la contribution des derniers. Ils recevraient de l'Etat un certificat de versement en excédent, et les derniers au contraire verseraient à l'Etat, en 5, 10 ou 15 ans, en espèces, les montants qu'ils lui doivent et que l'Etat emploierait à éteindre les excédents qu'il a lui-même reçus des contribuables de la catégorie *b*).

Tout cela est lourd, confus, et résumé à l'excès. Mais je me ferai mieux comprendre en disant : 1° que tout prélèvement sur le capital qui n'a pas pour objet, non d'amortir une partie de notre dette mais d'en détruire la totalité, est un projet vain, sinon périlleux ; 2° que tout projet de prélèvement sur le capital qui se traduirait essentiellement par un acquit en espèces serait dangereux pour la vie économique de la Nation ; le pire de ses dangers serait peut-être de légitimer cette chose qui, pour ma part, je considère comme abominable : l'inflation — sans compter les spéculations bancaires, les trafics des marchands de biens, etc... ; 3° que même poussé à ses dernières limites, comme je le propose, le prélèvement sur le capital ne constitue pas la panacée financière. Il peut en quelque sorte répartir entre tous les citoyens, idéalement, et proportionnellement à leur fortune, toute la dette flottante et une large partie, la plus large partie, de la dette consolidée, puis amener la suppression, l'extinction radicale de ces dettes ainsi réparties. Mais il s'agit de la dette intérieure. Il restera encore la dette extérieure, l'avance à faire à l'Allemagne pour les réparations et les pensions, le budget de la guerre, de la marine, etc... et la France aura encore bien du mal à s'y retrouver.

Comment s'y retrouve-t-elle à présent ? Ma foi, je n'en sais rien. J'avoue que je l'admire. Avec des budgets faux et truqués ? En courant au bord de la banqueroute comme au bord d'un toit ? C'est vraiment extraordinaire. Et, vous l'avouerai-je, cela me donne confiance. C'est un grand pays que le nôtre, pays de ressources et d'optimisme fécond. Ses finances ont toujours été mal gérées. Sous l'ancien régime, il faisait une banqueroute tous les quinze ans. A la fin de la Première République, il en fait une à se casser les reins. Mais Bonaparte l'enfourche, il se relève, il retombe avec son cavalier, plus pauvre que jamais. Alors les Alliés (les anciens Alliés, ceux de 1815) le rançonnent, les émigrés le détroussent. Il se remet, il repart en guerre, en révolutions... Et c'est la guerre de 1914-1918, et c'est la situation actuelle, inextricable, sans issue...

On en sortira, pourtant. Mais ce n'est pas au Parlement que nous le devrons. Ce sera sans doute au zèle et au courage civique de quelques particuliers. Il existe un peu partout des groupements d'études qui s'occupent intelligemment des questions financières. J'en sais de toutes les sortes, j'en sais qui ressortissent à tous les milieux, à toutes les opinions, à toutes les professions. Un jour, ils se réuniront, ils se fédéreront, qui sait, ils entreront en lutte contre le Parlement...

A ce moment-là une grande organisation saura, sans doute

arbitrer le conflit. Pourquoi ne serait-ce pas la *Ligue de la République ?* Vous la connaissez comme moi, mon cher Directeur, et savez quel intense travail se fait dans ses commissions. Ah ! la « méthode » de la tribune n'y est pas en faveur, mais plutôt celle du tableau noir. J'ai confiance dans cette dernière pour sauver un pays dans lequel je crois. Et je mets tous mes espoirs dans une association qui adopte cette méthode-là.

De bons techniciens, décidés au besoin à s'emparer du Pouvoir injustement capté par l'oligarchie parlementaire, la pire des oligarchies... Mais que suis-je en train d'écrire ? Je n'ai rien dit, je n'ai rien écrit. Tout ceci est une rêverie. MM. Ribot, Klotz, François-Marsal et Paul Doumer sont des ministres de génie, et celui qui leur succédera demain ne le leur cède en rien. D'ailleurs, tous les députés sont capables de faire de but en blanc un parfait ministre de n'importe quoi, les sénateurs aussi. Tout va bien, les affaires sont prospères, et je n'ai qu'à m'excuser de vous avoir aussi longtemps parlé pour ne rien dire.

---

# M. Georges Bonnet

*Commissaire adjoint du Gouvernement au Conseil d'Etat*

---

M. Vincent Auriol, dans la *France Active*, a parfaitement posé les termes du problème financier. Il nous faut songer : 1° à équilibrer notre budget ; 2° à consolider notre dette flottante ; 3° à amortir notre dette publique...

La France n'aura vraiment assaini sa situation financière qu'après avoir réalisé ces trois objectifs...

Par quels moyens ?... Nous ne pouvons que tracer, dans cette courte réponse, les grandes lignes d'un plan financier.

Tout d'abord, il est nécessaire que les Gouvernements aient un « *plan financier* » méthodique et précis. La Nation a déjà trop tendance à croire que le génie d'un homme suffirait à la sauver. Elle se trompe. Elle ne peut attendre son salut que d'elle-même.

La situation de l'Etat est en tous points comparable à celle d'un commerçant qui, à la suite d'une lutte contre une maison rivale, aurait dépensé une partie de son patrimoine, en aurait hypothéqué une autre, et n'aurait obtenu comme bénéfice qu'une créance mal garantie...

S'il se plaignait des difficultés qu'il éprouve à payer ses dettes et à reprendre sa vie normale, quels conseils lui donnerions-nous ?

Nous lui dirions sans aucun doute : « Travaillez davantage pour gagner plus d'argent... Faites payer votre débiteur. Economisez. Faites rentrer avec soin tous les revenus du patrimoine qui vous reste. Tâchez d'obtenir de vos propres créanciers des accommodements... Mais surtout n'empruntez plus et ne fabriquez pas de fausse monnaie. Le remède serait pire que le mal !..

Il ne peut y avoir, pour une Nation, d'autre ligne de conduite... Le plan financier peut être résumé en quelques brefs commandements.

Il faut tout d'abord que l'opinion publique se rende compte de l'état exact de la situation financière. Elle n'en a pour le moment aucune idée précise.

## *TRAVAILLER DAVANTAGE*

Ensuite, il faut *produire* intensément, et en même temps donner des débouchés à nos produits : Pour cela il faut rendre au commerce sa liberté, assurer à la circulation de nos produits des tarifs de transport favorables, mais surtout RÉTABLIR LE MARCHÉ EUROPÉEN. (C'est là le *point capital.*)

## *PAIEMENTS DE NOTRE DEBITEUR*

En troisième lieu, il faut obtenir le paiement effectif par l'Allemagne de sa dette envers nous : réparations en nature, emploi de la main-d'œuvre allemande, émission par l'Allemagne d'un emprunt international..., tous ces moyens sont bons ; ils permettent à l'Allemagne de s'acquitter de sa dette envers nous. En tout cas il faut nettement répéter que si l'Allemagne ne tenait pas ses engagements, nous serions incapables de faire face à la charge des pensions et des régions libérées. Car si l'on admet que l'Allemagne, dans une situation économique prospère, dont aucun des territoires n'a été dévasté et qui a une population double de la nôtre, est incapable de reconstruire ce qu'elle a détruit, comment ce fardeau pourrait-il être assumé par la France avec sa propre population réduite, ses 12 départements dévastés, et sous le coup d'une grave crise économique ?

## *ÉCONOMIES*

On peut en supprimant les services inutiles, en évitant les gaspillages par une réglementation sévère, en diminuant le nombre des fonctionnaires, *en réduisant les dépenses militaires,* réaliser des milliards d'économies.

## *RENDEMENT MEILLEUR DE NOTRE PATRIMOINE*

En renforçant le contrôle des impôts, que paient seuls les bons citoyens, en améliorant le rendement déplorable des monopoles d'Etat à caractère fiscal, notre budget ordinaire pourrait aisément trouver les quatre à cinq milliards de recettes qui lui font défaut.

### *ARRANGEMENT AVEC NOS CREANCIERS*

Il semble possible d'obtenir de nos alliés une remise partielle ou même totale de notre dette extérieure... Quant à notre dette *intérieure* nous avons montré (1) comment l'Etat ayant émis ses premiers emprunts sensiblement au-dessous du pair (les 4 % 1917 et 1918 à 68,60 et 70,80... le 5 % 1915 et 1916 à 88 et 88,75) et n'ayant touché pour ses derniers emprunts que des francs dépréciés de plus des deux tiers, alors qu'il s'engageait à verser des primes de remboursement considérables (150 fr. à rembourser alors qu'il a reçu 30 fr. environ de saine monnaie)..., toute conversion et tout amortissement sont pratiquement impossibles... Le fait est qu'actuellement sur un budget de 23 milliards, *13* milliards sont versés aux rentiers de l'Etat et ces 13 milliards échappent à tout impôt cédulaire d'Etat, à tout impôt communal ou départemental, c'est-à-dire aux 9/10es environ du total de l'impôt...

Sera-t-on amené à établir un impôt cédulaire sur la rente ou à envisager un remboursement des rentiers d'après le chiffre exact de leurs versements sans aucune prime, ou à admettre une dévalorisation officielle du franc... ? Ces solutions, qui auraient l'avantage de donner aux rentiers un titre d'une valeur ferme et facilement négociable, devront être un jour envisagées si l'on veut régler la question de l'amortissement de la *Dette publique* et celle de l'*équilibre budgétaire.*

Dans le livre sur les « *Finances de la France* » que j'ai publié en collaboration avec mon ami M. Auboin, j'ai indiqué par quelles mesures précises ce programme pouvait être réalisé...

Le sera-t-il ? Je l'ignore. Mais ce que je sais bien, c'est que l'heure de l'action financière est venue et qu'au point où nous en sommes, rien ne serait plus dangereux que l'abstention.

---

(1) Voir **Les Finances de la France**, Payot, édit.

# M. Jean Lescure

*Professeur à la Faculté de Droit de Bordeaux*

---

## I. — ÉQUILIBRE DU BUDGET

A) *Impôts actuels.* — On est unanime, je crois, à préconiser une compression des dépenses et une application des impôts existants.

Pour tarir la fraude que favorisent les valeurs mobilières au porteur, je proposerai la création d'un *bordereau fiscal* identique au bordereau bancaire établi au moment du paiement des coupons. Un simple papier carbone inséré en 2 feuilles de papier blanc suffirait à assurer l'établissement en double du bordereau. Le bordereau fiscal serait adressé à l'Administration des Finances, qui se chargerait du classement dans le dossier de chaque contribuable. Ces dossiers existent déjà.

B) *Impôts nouveaux.* — a) *Les revenus en nature des propriétaires fonciers* devraient entrer en ligne de compte dans le calcul tout au moins de l'impôt sur le revenu global. Une famille ouvrière à Lyon pour vivre dépense (alimentation et loyer), 6.000 francs par an. Un propriétaire foncier vit sur le sol ; et le revenu correspondant ne figure pas dans sa déclaration *légalement.*

b) *Douanes.* — Une augmentation des droits de douane conjuguée avec l'amélioration du change pourrait fournir des ressources appréciables. Je me permets de vous renvoyer ici à un article que j'ai publié dans la *Revue Politique et Parlementaire* d'octobre 1921.

c) *Impôt atteignant tous les capitaux y compris la rente.* —

La rente n'est exempte qu'à l'impôt cédulaire sur le revenu. Appelons-le, si vous voulez, impôt sur le capital, perçu par annuités. Les impôts cédulaires sur le revenu des capitaux pourraient être transformés en un impôt sur le capital.

*d*) Nombre d'impôts actuels supporteraient un léger tour de clef (impôt sur le chiffre d'affaires, tabac par exemple).

### II. — CONSOLIDATION DE LA DETTE FLOTTANTE

La consolidation est un simple échange de itres. L'argent frais n'y entre pour rien. Le budget, une fois en équilibre et *la confiance revenue*, la consolidation sera facile. Les porteurs de bons y consentiront. D'après les récentes déclarations de M. Doumer, 85 % des Bons paraissent bien représenter des placements à long terme.

Quant aux capitaux nécessaires pour refaire le Nord ou pour développer nos industries, on les trouvera sans difficulté, *dès que l'État cessera d'emprunter à jet continu*. L'épargne annuelle française dépasse sensiblement 30 milliards.

### III. — L'AMORTISSEMENT DE LA DETTE PAR UN PRÉLÈVEMENT SUR LA FORTUNE

Il vient trop tard ou trop tôt.

En 1919-1920, où tout était au plus haut (terres, maisons, valeurs mobilières), l'opération était praticable. On pouvait amortir la dette, restaurer l'équilibre du budget. Aujourd'hui il est trop tard — ou trop tôt : tout est au plus bas (sauf la rente, au moins en apparence). Et l'opération équivaudrait à une confiscation d'une bonne part de la fortune au profit des rentiers. Au surplus on emprunte encore. « *Prieta non morere* ».

J'envisagerai plutôt dès maintenant la conversion des Bons. Plus tard on pourra amortir avec les annuités allemandes. Mais l'Allemagne paiera-t-elle ? Combien ? Pendant combien de temps ? Nous fera-t-on remise de la dette extérieure ? Attendons d'arrêter les écritures du Grand Livre pour envisager l'amortissement, qui s'impose. La matière imposable (le capital) enfle tous les ans.

Il n'y a aucun inconvénient à attendre, au contraire. Le prélèvement serait d'autant moins senti. En réalité on aurait dû, en 1919, effectuer un prélèvement massif sur la fortune de guerre, qui est à la base de toutes nos difficultés financières actuelles. Car elle trouve son expression essentielle dans notre dette de plus de 200 milliards.

L'inflation permettrait en effet par la hausse des prix de réduire le poids de la dette. Mais le remède est pire que le mal. Si l'on entrait dans la voie de la réduction de la dette, il serait plus loyal et moins dangereux de le dire franchement. L'inflation équivaut à une banqueroute déguisée et générale. Il faut condamner énergiquement toute nouvelle inflation. L'Allemagne, l'Autriche et la Russie, dès maintenant, illustrent cette thèse et justifient cette condamnation.

---

# M. Jean Labadié

M. Jean Labadié a fait récemment pour l'*Opinion* une enquête remarquée sur la question financière. Il nous a paru que la nôtre devait en quelque sorte recueillir les fruits mûris de notre excellent confrère, et nous avons demandé à M. Labadié de nous faire part des observations que son travail lui avait suggérées.

— Je n'ai pas remarqué grand'chose, nous dit-il. J'ai consulté des hommes de grand talent et de haute réputation. Il ne m'appartient pas de les hiérarchiser, mais je puis cependant les classer en deux séries :

« D'une part, les classiques, les gens qui croient aux vieilles formules et qui ne souhaitent que le retour à la situation d'avant-guerre. D'une autre, les imaginatifs, pleins d'idées et de bonne volonté, mais qui construisent des systèmes impossibles lesquels ne valent pas, dans cet ordre de choses, l'utopie des communistes !

« Or, il est bien sûr que jamais nous ne reviendrons, pas plus financièrement que d'une autre manière, à la situation de 1914. Et il est non moins certain que tous les beaux systèmes, toutes les grandes rêveries ne se réaliseront jamais, pour le bonheur du pays et de l'humanité.

« Il y a des imaginatifs qui rebâtissent le monde, ou tout au moins ses finances, sur une illumination de leur esprit. Il en est d'autres, que j'appellerai les imaginatifs bureaucratiques, qui changent les articles de noms et les chiffres de colonnes. Ils croient que cela suffira pour diminuer le total de l'addition.

« L'addition... L'erreur, Monsieur, est de traiter des finances au moyen des quatre opérations élémentaires de l'arithmétique. Cela a pu longtemps donner des résultats qui suffisaient à nos petits besoins. Mais dans un développement aussi intense des problèmes financiers, je dis que les quatre règles ne suffisent plus. Des coefficients mal connus ou inconnus viennent transformer les chiffres que nous regardons d'un œil stupide de caissier. Et il faut voir derrière eux une fonction exponentielle.

« Nous voici en plein domaine transcendantal. En saurait-il être autrement de la matière des chiffres que de celle des corps simples. Vous connaissez l'histoire des poids atomiques, jadis formés d'un chiffre simple, puis compliqués peu à peu de décimales de plus en plus nombreuses, dont la variation a conduit à la notion de la perte d'énergie. On ne soupçonnait pas cela autrefois, ni que quatre-vingt milliards d'années pussent être assignées à la formation de la croûte terrestre. Il a fallu, pour réaliser ces découvertes, que chimie, physique et géologie fassent la part de l'exponentielle et s'adaptent aux nécessités de la transcendance.

« Ainsi des Finances. Ainsi des notions monétaires, qui n'ont qu'une signification enfantine, inapplicable aux problèmes que la réalité soulève. On ne résoudra pas plus ces problèmes par *Doit* et *Avoir* et avec de justes additions qu'on ne peut construire une usine avec la pratique d'un petit géomètre de campagne. Il existe actuellement deux sciences de Finances : l'une juridique, fondée sur l'histoire, et plus que discutable ; l'autre, dite des opérations financières à long terme, entièrement greffée sur la loi des grands nombres et le théorème de Bernoulli, ne s'applique qu'à des calculs de probabilité et d'amortissement fort limités.

« Une troisième science est à créer, où la notion psychologique même jouera son rôle dans les variations de la fonction a ; science dont les inconnues semblent complexes, mais dont les lois paraîtront, quand elles seront découvertes, aussi simples que les lois nouvelles qu'on formule tous les jours dans les autres sciences.

« Il y a beaucoup à dire là-dessus. Je vous renvoie à la lecture de mon livre *Si j'étais Ministre des Finances*, qui paraîtra bientôt chez Bernard Grasset et dont vous comprendrez que je ne veuille pas déflorer les nouveautés.

« Mais dès à présent, et pour me placer sur un terrain pratique, je vous signale la nécessité d'introduire la notion de l'utilité dans la théorie des impôts. Regardez l'impôt sur le revenu. Primitivement, je parle en mathématicien, on le concevait comme une ligne droite. L'idée du dégrèvement à la base et de la progression avec tendance vers une limite inattingible en a fait une parabole. C'est encore une courbe trop rude. Si l'on y introduisait la notion d'utilité, nous la transformerions selon la formule $y=a'_x$ en une logarithmique d'une étrange souplesse. Je vous dirai, en langage vulgaire, que je n'admets pas, par exemple, qu'un Georges Claude, quand il fabrique l'ammoniaque synthétique dont il est l'inventeur, paie un sou d'impôts. Qu'il gagne cent, deux cents millions, je ne veux pas qu'on lui en demande jamais compte. Ce que je dis est clair, n'est-ce pas, plus que pour le public, la formule mathématique à laquelle il faudra, en tout cas, que les spécialistes en viennent.

« L'enquête que j'ai faite m'a instruit en me fournissant une vérification psychologique des idées, je dirais presque des théorèmes sur lesquels je suis penché depuis tantôt quatre ans. Excusez-moi de n'en pouvoir dire davantage aujourd'hui : vous lirez bientôt le manuscrit que voilà et qui a pour objet la rédaction d'un statut international de la monnaie. »

---

# M. Georges Valois

M. Georges Valois, à l'extrême droite des opinions politiques françaises, professe une *Economie* qu'il a lui-même nommée, dans un livre célèbre, l'*Economie Nouvelle*, et qui est peut-être plus hardie qu'un néo-marxisme exaspéré ou que n'importe quelle doctrine révolutionnaire. M. Georges Valois, en tout cas, est un réaliste autant qu'un réalisateur ; il nous l'a bien prouvé dans le cordial entretien que nous avons eu avec lui.

Comme nous lui parlions des embarras de l'industrie et de l'influence que l'énormité de la dette flottante ou que la fermeture du marché des rentes y pouvait exercer, M. Georges Valois nous répond :

— Mais non, mais non, la réouverture du marché des rentes ne rendra nullement des fonds de roulement à l'industrie. Ce n'est pas de fonds de roulement qu'elle a besoin, c'est de commandes. Les rentes, je vois bien qui les vendra, mais non qui les pourra acheter. Avec quel argent, s'il vous plaît ? Avec des bons de la Défense Nationale ? C'est un cercle vicieux, alors. Avec de la monnaie ? Mais vous n'allez pas nous parler d'inflation, je l'espère ?

« Non. La cause du marasme des affaires, chacun peut la connaître en examinant ses affaires privées. Et si elle se révèle plus difficilement dans l'étude d'un budget d'ouvrier ou d'employé, elle éclate aux yeux de celui qui exerce une profession commerciale ou industrielle. Les sommes énormes qu'en impôts ou autrement il nous faut verser à l'Etat, en limitant au plus juste nos bénéfices, nous empêchent de faire les dépenses qu'il faudrait pour que nous puissions payer selon un taux correspondant aux salaires d'avant-guerre nos employés et nos ouvriers, et pour que nous puissions faire des achats de consommation équivalents à ceux de 1914. Dans le domaine de l'habillement, par exemple, patrons, ouvriers, employés, ne font plus les dépenses d'autrefois. Qui achetait deux complets par an, se contente à présent d'un seul. Au lieu d'une douzaine de cravates, on en achète deux ou trois. Résultat : diminution des commandes à l'industrie du textile, diminution des commandes du textile à l'industrie métallurgique, etc... On travaille, dans presque toutes les classes de la société, pour payer l'Etat, et pour manger. La consommation des produits manufacturés se réduit à sa plus simple expression, et, partant, leur production même.

« D'un autre côté, que devient l'énorme masse d'argent qui entre dans les coffres de l'Etat ? Eh bien, elle en ressort rapidement en traitements, salaires, pensions de mutilés ou de veuves, retraites, etc... tous bien minimes, et qui assurent très parcimonieusement la vie de leurs bénéficiaires. Ils assurent leurs dépenses de bouche. C'est tout ou à peu près. Les dépenses somptuaires leur sont bien entendu interdites, et le nécessaire même, dans le domaine de l'habillement, du meuble, etc... ils n'y peuvent prétendre.

« L'Etat, après les avoir lui-même empruntées, avance également de grosses sommes pour la reconstitution des régions dévastées. Y a-t-il là, à proprement parler, des dépenses productives, des dépenses qui fournissent des débouchés à l'industrie et au commerce ? Non, il y a transports de matériaux d'un point à l'autre du pays, et seule, en effet, l'industrie des transports ne souffre pas trop de la crise générale.

« Car il y a une crise générale de sous-production. Et elle durera, avec des hauts et des bas, tant que l'Etat absorbera une part aussi considérable des ressources de chacun.

« A l'étranger, notre industrie ne trouve pas non plus de débouchés. La Russie, le centre de l'Europe nous sont fermés. L'Amérique et l'Angleterre n'ont pas besoin de nous.

« Alors... alors, je ne vois pour ma part qu'une solution qui permette de développer notre industrie et notre commerce. Et c'est l'agriculture qui la leur peut fournir. Vous savez que la production agricole pourrait être facilement « intensifiée », comme on dit. En y appliquant des méthodes plus savantes, plus énergiques, tous les agriculteurs sont d'accord pour reconnaître qu'on pourrait augmenter d'un bon quart la production du sol. Je suppose qu'aidées par le crédit, les grandes associations agricoles et les grandes associations industrielles décident d'exploiter la terre avec le maximum d'énergie — vous voyez les moyens, plus grand usage des engrais, perfectionnement des semences, généralisation de la motoculture, etc... — En quelques années, le paysan qui produisait 100 sacs de blé en obtiendra 125, 150. D'une part, il s'enrichira, et sa capacité d'achat augmentant de 25 ou de 50 %, il pourra augmenter sa consommation personnelle de vêtements, de voitures, ses constructions de bâtiments, etc... L'industrie et le commerce en profiteront, et les industriels, les commerçants pourront également augmenter leur consommaiton personnelle qui activera elle-même la production des industries et des commerces voisins. D'une autre part, l'augmentation de la production agricole donnera au commerce des produits naturels à exporter et permettra, en retour, l'importation de matières premières étrangères ou de produits manufacturés.

« Le salut est là. Dans toutes les périodes de crise, c'est vers la terre qu'il faut se retourner. La terre de France est fertile, et son rendement, par des procédés connus, peut être considérablement accru. Le processus de la production part de la terre. C'est vers le paysan que l'industrie, le commerce et le crédit doivent se tourner s'ils veulent renaître et se développer.

« Le crédit... Hélas ! des idées aussi simples, aussi justes, on les rend facilement sensibles aux agriculteurs, aux industriels et aux commerçants qui sont prêts à s'unir pour l'intérêt général dont le leur est fonction. Mais le crédit... il ne semble pas qu'il veuille s'embarquer dans l'opération. J'ai causé avec bien des banquiers. Aucun ne se laisse tenter. Leur évaluation du risque est exagérée, et ils exagèrent parallèlement le taux de leurs commissions. La terre est pourtant le gage le plus sûr, et l'honnêteté, la capacité de labeur du paysan français sont proverbiales. Mais les banquiers n'aiment point prêter leurs capitaux à des entreprises qui ne rendent qu'à longue échéance. Comprennent-ils, aussi bien, et leur propre intérêt, et le risque énorme que court, dans son ensemble, l'industrie du crédit, en demeurant dans des errements sans issue, sans débouchés ?

« Les gens ne comprennent pas. Et pas plus ceux qui attendent la résurrection de l'économie mondiale d'un nominal « libre échange ». Pour qu'il y eût échange libre, il faudrait qu'il y eût échange possible. Pour qu'il y ait possibilité d'échange, il faut qu'il y ait d'abord production. Et la production ne se peut développer qu'autant que la consommation la sollicite...

« Nous ne nous sommes éloignés qu'en apparence de la question du marché des rentes et de la dette flottante. Car le problème financier, en soi, ne comporte pas de solution. C'est le travail national qui la lui fournira, si l'on en augmente d'abord l'intensité dans le domaine agricole où les besoins de la consommation, tant la nationale que l'étrangère, sont loin d'être actuellement satisfaits. »

---

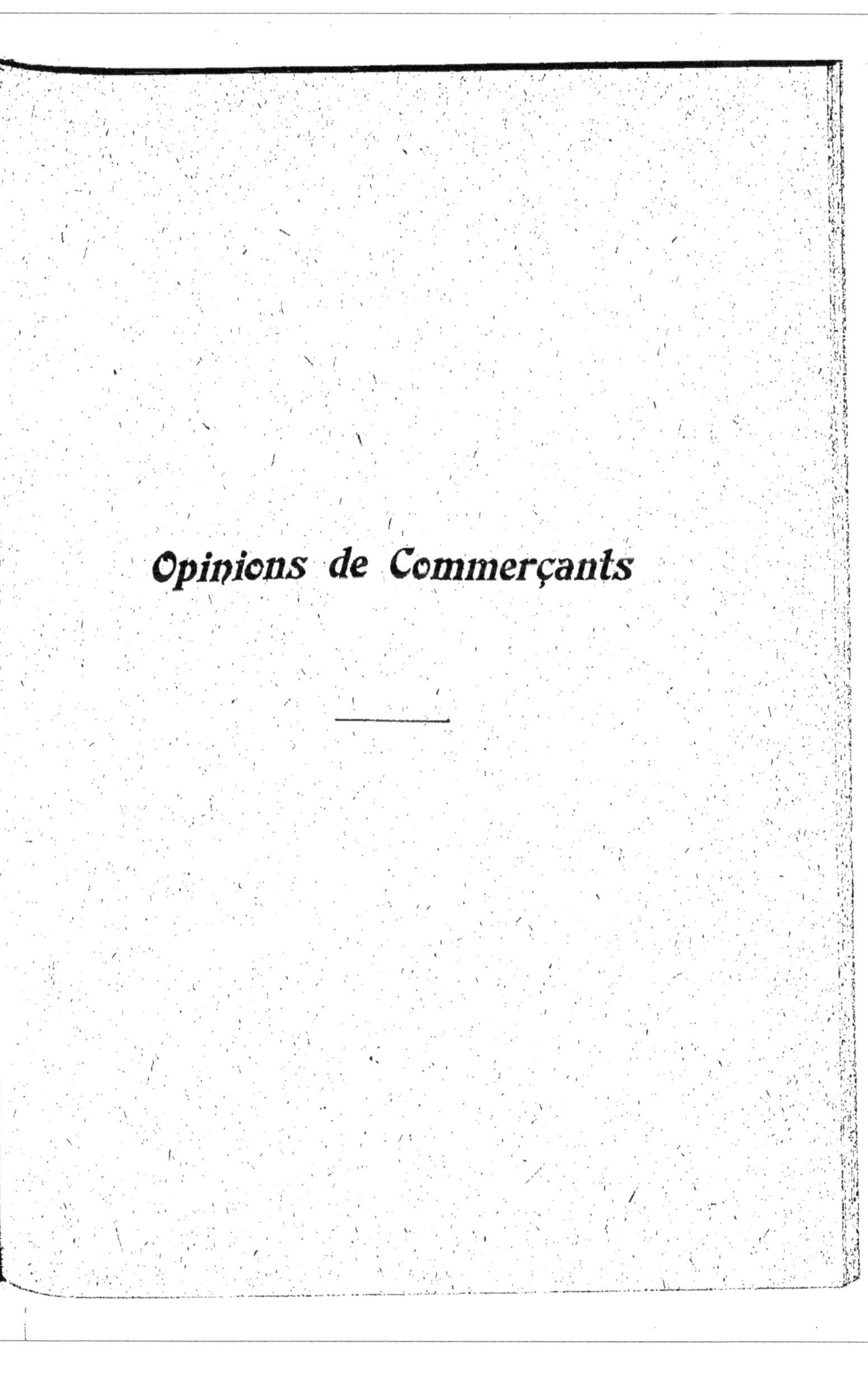

# Opinions de Commerçants

# M. Emile Delfort

*de la Chambre de Commerce de Toulouse*

*Administrateur de Sociétés*

---

L'enquête de M. Vincent Auriol me suggère les pensées suivantes :

Dans le monde économique, il est une formule courante qui consiste à dire : Tant vaut l'homme, tant vaut l'affaire.

Il n'y a aucune bonne raison pour ne pas l'appliquer à la formidable firme qui s'appelle : « L'Etat français. »

On entend souvent dire : « Oh ! si les affaires de l'Etat étaient gérées de la même manière que celles d'une maison de commerce ou d'une industrie, cela irait certainement mieux. »

Je suis de cet avis. Et alors ?

Alors, je pense qu'avant tout il faut avoir des chefs et, parmi eux, un meilleur pour coordonner les efforts de tous et assurer l'unité de direction.

Choix fait de confiance, sur références, non politiques bien entendu, et en dehors de ce milieu, pour que le contrôle de ce dernier soit plus efficace, en même temps que les critiques seraient moins intéressées.

Donc, à la tête de tous les départements ministériels non politiques, des Secrétaires d'Etat nommés et contrôlés par le Gouvernement, avec des pouvoirs très étendus et des responsabilités correspondantes.

En un mot, exclure de partout la politique, cause de tout le mal ; assurer la stabilité pour avoir de la continuité dans l'effort.

Enfin, utiliser pour l'Etat les principes qui assurent la prospérité des affaires privées.

L'indépendance et l'autorité des dirigeants devront être d'autant plus grandes qu'ils auront à étudier, à mettre au point, et sans doute à appliquer des mesures très graves que je crois indispensables et que j'indique succinctement.

*Economies :* Conversion et unification de la rente ; Réduction des fonctionnaires et des frais administratifs ; Révision des pensions de guerre ; Réduction des budgets de la Guerre et de la Marine ; Révision de toutes les lois sociales.

*Recettes nouvelles :* Location des grands monopoles d'Etat ; Réalisation par voie de vente de certains biens nationaux ; Prélèvement unique sur le capital.

*Mesures diverses :* Suppression de tous les impôts de luxe et de consommation ; Suppression de l'impôt sur les salaires et les revenus ; Rétablissement des quatre vieilles contributions ; Etablir enfin l'égalité fiscale par la suppression des lois d'exception ; Réorganiser le service des finances pour réduire les évasions fiscales.

Il y a évidemment un rude rétablissement à faire, mais il n'est pas impossible.

J'ai, pour ma part, la ferme conviction qu'il se fera.

---

# M. Ormières

*Vice-Président de la Chambre de Commerce de Narbonne*

---

L'Etat seul a le droit de battre monnaie. Nous n'apprendrons rien à personne en rappelant que dès longtemps les monnaies à titre fixe : or et argent, ont été considérées comme réunissant les conditions les meilleures du véritable signe monétaire pouvant servir de base aux nécessités des échanges et des libérations.

Cette conception n'a pas été détruite.

Toutefois la multiplicité des opérations, les difficultés, les frais et risques du transport des métaux précieux ont conduit à la recherche de moyens de paiement plus commodes. De là sont nées la lettre de change, les billets de banque, les transferts de compte ou virements de crédit.

Après l'abandon du système Law et autres financiers qui avaient occasionné des spéculations et des faillites bruyantes, la Banque de France fut créée pour seconder les efforts du commerce et de l'Etat en vue du relèvement du crédit public.

Cet établissement fut autorisé par le gouvernement, seul dépositaire du droit régalien de frapper monnaie, à tracer et lancer dans la circulation, pour une somme bien précisée, du papier fiduciaire qui n'était, dans le principe, qu'une forme de lettre de change tirée par la Banque de France sur elle-même, payable à vue dans toutes ses succursales et tous ses bureaux.

La formule : « il sera payé en espèces à vue, au porteur » n'est pas oubliée.

Effectivement la Banque échangeait à tous ses guichets ses billets contre espèces sonnantes, quelle que fut la somme demandée.

Cela était aussi simple que naturel, parce que la Banque avait dans ses caisses une provision suffisante de métal et de bonnes valeurs reçues à l'escompte pour gager et rembourser son papier.

Aussi notre billet de banque était-il recherché et faisait même prime au dehors.

Le change nous était favorable.

Sous l'aiguillon des besoins, l'Etat, par des conventions successivement passées avec la Banque de France a obtenu, contre la faculté d'émettre de nouveaux billets, des avantages pécuniaires importants et des avances encore plus considérables.

Du fait de la guerre nos achats à l'étranger ont atteint de tels chiffres que nos ressources en valeurs étrangères ont été vite épuisées et que nous avons dû et devons payer le surplus de notre débit en or ou en devises étrangères.

Non seulement notre billet de banque n'est plus recherché, ne fait plus prime nulle part, mais il est au contraire déprécié et nous devons payer plus cher, beaucoup plus cher tout ce que nous achetons. De là le change très élevé et de plus en plus défavorable.

Personne n'ignore, à l'extérieur comme en France, que le gros débiteur de la Banque est l'Etat français.

Songez à la situation d'un commerçant dont la plus grosse partie de l'actif, et même une somme dépassant de beaucoup cet avoir, serait chez un débiteur qui viendrait à sombrer. Il serait entraîné dans sa chute.

Ceux qui parlent de cette perspective ne le font, je l'imagine, que pour que soient prises les mesures propres à éviter une éventualité aussi grosse de conséquences.

Croire qu'une émission nouvelle de 20, 40 ou 100 milliards résoudrait le problème financier serait folie, nous n'hésitons pas à le dire. On mettrait entre les mains de l'Etat un moyen libératoire momentané, mais à quel prix ?

Déprécié d'une grande partie de sa valeur nominale, d'où renchérissement de toutes choses. Cela est prouvé par de vieilles expériences et celles plus récentes de nos voisins.

Le change nous serait de plus en plus défavorable et partant ruineux.

Il faut se préoccuper de l'améliorer au plus vite.

Les moyens préconisés par nos éminents collègues : M. Prats, de Cette, M. Rouhard, de Narbonne, dont nous ne ferons pas une critique bien longue ne sont que des expédients momentanés quelque ingénieux et séduisants qu'ils soient.

Remplacer, avec le projet Prats, une innombrable légion de créanciers porteurs de Bons de la Défense nationale, par un créancier unique, ne supprime pas la dette, et l'économie de charges qu'on prétend réaliser serait vite absorbée par les dépenses courantes du budget.

Qu'au billet de banque ordinaire on substituât un billet de banque à lots, projet Rouhard, ce serait à peu près la même chose. On créerait un instrument de prêt plutôt que d'échange. Ce ne serait pas l'extinction de la dette ; l'économie passerait toujours dans l'inflation budgétaire.

Le prélèvement sur le capital serait le pire des systèmes.

Au lieu de le détruire, ou seulement de le diminuer, ce qui supprimerait toutes les initiatives, il faut tendre à augmenter tout le patrimoine de la France et des Français en le faisant fructifier.

Les recherches, l'évaluation de toutes les richesses seraient quasi impossibles, même avec une armée de fonctionnaires nouveaux qui en absorberaient le plus clair, avant de les avoir cotées, cataloguées, traduites en quote-part exigible et liquide.

A notre avis, il n'y a qu'à faire rendre aux impôts existants tout ce qu'ils doivent donner et, en assurant l'équilibre budgétaire par les impôts, nous reviendrons à l'état normal, c'est-à-dire au régime de la monnaie saine.

Pour les impôts existants point n'est besoin de fonctionnaires nouveaux. Les cadres et tout le personnel de perception fonctionnent.

Il existe des impôts particulièrement propres et particulièrement désignés pour donner à l'Etat les ressources dont il a besoin.

Nous ne prétendons pas à la paternité de l'idée. Nous l'avons trouvée dans différents projets déjà anciens. Elle est clairement indiquée et approuvée dans l'ordre du jour de confiance du 25 novembre 1921 au gouvernement. Il nous incombe de la souligner et de l'appuyer.

Il faut obtenir le maximum de rendement des impôts existants avec une juste péréquation entre les diverses catégories de contribuables.

Les impôts visés sont indubitablement ceux sur les revenus.

Nous estimons que ces impôts ne rendent pas ce qu'ils devraient rendre ; leur tare originelle est l'évaluation forfaitaire.

Il faut de toute rigueur arriver à la déclaration par tous les contribuables de leurs revenus réels. Par les taux déjà votés et appliqués on obtiendra un rendement bien supérieur à celui qu'on a actuellement. Il suffira, nous en sommes convaincus, à balancer le déficit budgétaire.

En laissant à chaque contribuable un minimum nécessaire pour lui et sa famille, suivant qu'elle est plus ou moins nombreuse, et en ne taxant que le superflu, on ne détruirait pas, on ne diminuerait pas le capital ; on le laisserait libre, intact entre les mains du possédant qui serait incité encore plus qu'avant à le faire fructifier.

Pensez-vous que ce serait en vain que l'on ferait appel au patriotisme national, à la solidarité obligatoire, et qu'en publiant par tous les moyens que l'Etat a besoin de la loyauté de tous les contribuables dans leurs déclarations de revenus ; qu'il y compte pour affirmer la solidité de nos finances et éviter une emprise sur le capital, on n'obtiendrait pas un résultat satisfaisant ? Nous sommes portés à faire confiance aux bons Français et croyons qu'ils rempliraient leur devoir de bons citoyens.

# M. Rouhard

*Membre de la Chambre de Commerce de Narbonne*

---

L'emprunt au taux actuel (et on ne peut guère concevoir une diminution de ce taux) et avec les frais d'émission qu'il entraîne, procure à l'Etat des ressources de plus en plus onéreuses, grève le budget de charges de plus en plus lourdes. Or les impôts qui l'alimentent ont atteint une limite qu'on ne peut guère dépasser.

L'inflation, tout en procurant à l'Etat par l'émission de nouveaux billets de la Banque de France, des ressources qui en apparence ne lui coûtent rien, présente des inconvénients encore plus graves que l'emprunt parce que l'augmentation des billets de banque facilite, à l'intérieur, les commodités d'achat et entraîne par suite le renchérissement de la vie, et parce que à l'extérieur elle déprécie ces billets et réduit par suite de plus en plus la valeur de notre change.

La triste expérience que fait actuellement l'Allemagne sur la dépréciation du mark montre les dangers auxquels serait exposé le franc si on avait recours à une augmentation exagérée de l'inflation.

Mais entre ces deux solutions, l'une trop onéreuse, l'autre trop dangereuse pour le crédit national, il en existe une troisième intermédiaire qui pourrait, à notre avis, procurer des ressources considérables sans entraîner les dépenses de l'emprunt et sans faire courir au crédit national les aléas de l'inflation.

C'est cette troisième solution que nous allons exposer. Elle consiste essentiellement dans l'émission de billets ayant la même facilité de circulation que les billets de la Banque de France, mais remboursables, dans une période déterminée, par des tirages successifs et fréquents avec primes et lots.

Supposons, pour fixer les idées, que l'Etat ait à se procurer une somme de 15 milliards remboursables dans 30 ans (tous les chiffres donnés dans cet exposé n'ont rien d'absolu et ne le sont qu'à titre d'indication pour faciliter la démonstration).

S'il recourt à un emprunt, en dehors des frais que cet emprunt entraînera, il aura à payer un intérêt annuel de 900 millions à 6 0/0, de 750 millions à 5 0/0 et en plus le capital 15 milliards à l'expiration des 30 ans.

S'il recourt à l'émission de 15 milliards de billets de banque identiques à ceux de la Banque de France, en admettant que ceux qui sont actuellement en cours représentent une somme de 35 milliards, à l'intérieur l'Etat aura augmenté de 15 milliards, c'est-à-dire d'un tiers environ la commodité d'achat puisque la somme des billets en circulation sera augmentée d'un tiers, il en résultera certainement un renchérissement de la vie proportionnel. A l'extérieur, l'Etat aura diminué d'un tiers environ la valeur réelle des billets de banque puisque la valeur fictive sera augmentée d'un tiers alors que la garantie métallique qui est le gage de leur valeur n'aura pas changé et que ce gage devra garantir une somme augmentée d'un tiers, d'où abaissement fatal du change.

Supposons maintenant que l'Etat émette pour 15 milliards de billets de 500 francs remboursables en 30 ans, tous avec primes (remboursables à 525 francs par exemple) et certains avec lots variant de 500.000 francs à 100 francs dans des tirages successifs et fréquents. Qu'aura à débourser l'Etat pour retirer ces billets de la circulation ?

15 milliards remboursables en 30 ans par annuités égales, représentant un remboursement annuel de 500 millions, c'est-à-dire de un million de billets de 500 francs.

Si nous admettons que ce million de billets soit remboursé en 10 tirages égaux, uniformément répartis dans l'année, chaque tirage amènera le remboursement de 100.000 billets.

Nous donnons, à titre de simple indication, un mode de répartition des lots de remboursement. A chaque tirage :

| | | | |
|---|---|---|---|
| 1 | billet remboursé à ........... | | 500.000 francs |
| 2 | » » à | 100.000 fr... | 200.000 » |
| 2 | » » à | 50.000 » | 100.000 » |
| 5 | » » à | 20.000 » | 100.000 » |
| 10 | » » » | 10.000 » | 100.000 » |
| 30 | » » » | 5.000 » | 150.000 » |
| 150 | » » » | 2.000 » | 300.000 » |
| 300 | » » » | 1.000 » | 300.000 » |
| 2.500 | » » » | 600 » | 150.000 » |
| 97.000 | » » » | 525 » | 50.925.000 » |
| 100.000 | ............................. | | 52.825.000 » |

Annuellement l'Etat aura à rembourser dix fois cette somme puisqu'il y a dix tirages, soit : 52.825 × 10 = 528.250.000 francs.

Ainsi avec une dépense annuelle de 528.825.000 francs représentant un taux de 3.50 0/0 (intérêts et amortissement compris, dont 1.98 0/00 pour les intérêts), l'Etat pourra se procurer immédiatement 15 milliards.

Au point de vue des charges cette solution est donc plus avantageuse que l'emprunt direct qui nécessiterait une annuité de 900 millions à 6 0/0, de 750 millions à 5 0/0 et le remboursement des 15 milliards au bout de 30 ans.

Au point de vue de l'inflation quelle sera l'influence de ces 30 millions de billets de 500 francs mis en circulation et représentant 15 milliards ?

A l'intérieur il y aura 15 milliards de plus de billets en circulation, mais en réalité les détenteurs de ces billets, alléchés par la perspective de les voir rembourser dans dix tirages par an, c'est-à-dire presque mensuellement, avec des lots variant de 500.000 à 100.000 francs, et en tout cas d'une façon certaine avec une prime de 25 francs, garderont ces billets et ne les échangeront qu'au moment où ils leur seront nécessaires pour des besoins réels.

La commodité d'achat sera augmentée en apparence, mais la *fantaisie* d'achat sera diminuée et la mise en circulation de ces billets n'aura aucune influence sérieuse sur le renchérissement de la vie.

A l'extérieur le total des billets de la Banque de France n'ayant pas augmenté et la garantie métallique restant la même, leur valeur ne sera pas modifiée et il n'y aura pas à craindre la baisse du change.

Au contraire, les nouvëaux billets avec primes et lots étant plus avantageux à cause précisément de ces primes et lots, seront plus recherchés que les billets ordinaires, et il pourra se produire de ce chef une hausse du change.

Il y a lieu de remarquer d'ailleurs que ces billets présenteront une garantie spéciale de remboursement par l'Etat qui devra annuellement inscrire dans son budget la somme affectée à ce remboursement.

Le même système peut également s'appliquer au billet de 100 fr.

Si nous supposons que l'Etat émette 6 milliards de billets remboursables en 30 ans (et nous répétons que les chiffres donnés ne le sont que pour la commodité de notre démonstration et n'ont rien d'absolu) cela représente 60 millions de billets de 100 francs remboursables en 30 ans, soit 2 millions de billets par an.

Si nous admettons 20 tirages annuels on remboursera dans chaque tirage 100.000 billets.

On peut concevoir que le mode de remboursement se fera pour chaque tirage de la manière suivante :

| | | | | |
|---|---|---|---|---|
| 1 billet | remboursé | à ........... | | 100.000 francs |
| 2 » | » | à 20.000 fr... | | 40.000 » |
| 2 » | » | à 10.000 | » | 20.000 » |
| 15 » | » | à 2.000 | » | 30.000 » |
| 30 » | » | à 1.000 | » | 30.000 » |
| 50 » | » | à 500 | » | 25.000 » |
| 250 » | » | à 200 | » | 50.000 » |
| 2.650 » | » | à 150 | » | 397.500 » |
| 97.000 » | » | à 110 | » | 10.670.000 » |
| 100.000 | ..... | ..... | ..... | 11.362.500 » |

soit pour 20 tirages une dépense annuelle de 11.362.500 francs ×20=

227.250.000 francs, ce qui représente un taux de remboursement, intérêts et capital compris de 3.80 0/0 (dont 4,55 0/00 pour l'intérêt seul). On voit donc qu'avec une annuité de 227.250.000 francs l'Etat pourra se procurer un capital de 6 milliards, qui par un emprunt direct nécessiterait une annuité de 360 millions à 6 0/0, de 300 millions à 5 0/0 et en plus le remboursement des 6 milliards au bout de 30 ans.

Nous avons augmenté dans notre prévision de remboursement des billets de 100 francs la prime proportionnelle (10 0/0 au lieu de 5 0/0 pour les billets de 500 francs) et la fréquence des tirages, 20 au lieu de 10, parce que, indépendamment des avantages directs qu'il procurera à l'Etat, le système que nous exposons doit avoir, à notre avis, par les primes, les lots et la fréquence des tirages un effet moralisateur sur la population.

Si l'on admet qu'un ménage modeste dispose de deux billets de 100 francs, l'un ordinaire de la Banque de France, l'autre avec remboursement certain et chance de lots par tirages renouvelés environ deux fois par mois, il est certain que pour ses dépenses, la ménagère pouvant donner à volonté en paiement l'un ou l'autre de ces billets, gardera de préférence celui qui sera remboursé à 110 francs, avec l'espérance de gagner un lot pouvant aller jusqu'à 100.000 francs, espérance qui pourra se réaliser 20 fois par an.

Du désir de garder ce billet et au besoin d'en acquérir d'autres naîtra fatalement le désir de supprimer les dépenses inutiles, le désir de faire des économies. Le mari de son côté, dans le même espoir, cherchera à augmenter son gain et à produire davantage, d'où pourra résulter avec l'esprit d'économie et le développement de la production à l'intérieur, une diminution du renchérissement de la vie, à l'extérieur une amélioration du change.

Nous voudrions répondre par avance à ceux qui pourraient prétendre que ce système par ses nombreux lots et par la fréquence de ses tirages n'est en somme que le rétablissement déguisé de la loterie nationale qui a été supprimée comme immorale. Il faut remarquer d'abord que toutes les émissions à lots sont des loteries plus ou moins déguisées.

En outre, dans les loteries telles qu'elles existaient autrefois, le prix de la plupart des billets n'était pas remboursé et était perdu, et il était immoral d'encaisser par exemple un million sous forme de billets et de rendre sous forme de lots 100.000 francs et de garder le reste.

Mais ici tous les billets sont remboursés au moins avec primes et certains avec lots. Les détenteurs qui gardent des billets ne sacrifient en somme qu'une partie de l'intérêt que leur rapporterait leur valeur si elle était placée, mais ce sacrifice est largement compensé non seulement par la possibilité de gagner des lots importants ou d'être remboursé par avance avec prime, mais encore par la possibilité d'un échange à vue comme pour les billets de la Banque de France, possibilité qui n'existe pas dans les placements que l'on fait.

Cette possibilité permet d'ailleurs au détenteur d'un billet d'en encaisser immédiatement la valeur et de la placer s'il considère la garde comme peu avantageuse.

Dans la pratique les tirages des lots pourraient se faire d'une façon très simple. Il suffirait de diviser les billets émis en autant de séries qu'il y aurait de tirages et de numéroter à partir de 1 les billets de chaque série. Dans la première hypothèse de l'émission de billets de 500 francs par exemple il y a 300 tirages de 100.000 billets chacun. Il suffirait de diviser les billets en 300 séries de 100.000 billets chacune. A chaque opération de remboursement, un premier tirage amènerait d'abord la sortie d'une série. Un deuxième tirage, la sortie des billets remboursables avec lots ; tous les autres billets de la série seraient remboursables avec primes.

Tel est décrit, dans son ensemble, un système qui pourrait permettre à l'Etat de se procurer des ressources moins onéreuses que par l'emprunt direct ; puisque au taux de 3.80 0/0 il amortirait le capital en trente ans, moins dangereuses que par l'inflation puisque le remboursement des billets émis serait garanti par des annuités inscrites pendant trente ans au budget et ne pourrait en rien diminuer la valeur relative des billets de la Banque de France.

Cependant comme tout système économique ou financier nouveau ne doit être appliqué que dans la mesure où il ne pourrait en résulter aucun inconvénient si la réalité des faits ne correspondait pas aux prévisions quelque justifiées qu'elles soient, nous pensons qu'il pourrait être fait un essai immédiat sans modifier d'une manière sensible les conditions économiques actuelles (peut-être même en les améliorant).

Si l'on admet que l'Etat veuille faire un emprunt de quatre milliards, pour gager les intérêts seuls de cet emprunt il sera obligé de payer une annuité de 240 millions. Or nous avons vu qu'avec une annuité inférieure à 230 millions il pourrait émettre pour six milliards de billets de 100 francs en assurant le remboursement du capital en trente ans. Sur ces six milliards il pourrait prélever les quatre milliards qu'il voulait emprunter et affecter les deux milliards restant au retrait de pareille somme de billets de la Banque de France. Dans ces conditions le montant des billets de la Banque de France actuellement émis qui est de 36 milliards ne serait plus que de 34 milliards, et il n'y aurait, en y comprenant les nouveaux billets, que 40 milliards de billets émis.

Cette augmentation n'entraînerait, à notre avis, ni le renchérissement de la vie à l'intérieur, ni l'augmentation du change à l'extérieur.

Par contre on pourrait par des sondages faits dans les caisses publiques voir quelle est la quantité de billets à prime mis en circulation, et si, comme nous le pensons, ces billets ne circulaient presque pas et étaient gardés en grande majorité comme des titres d'emprunt, la preuve de l'efficacité du système serait faite et il pourrait être appliqué sur une plus grande échelle.

---

10

# M. Guichard-Perrachon

*de la Chambre de Commerce de Saint-Etienne*

---

M. Vincent Auriol, procédant à une enquête sur notre situation financière, a posé, dans la *France Active*, trois questions pour lesquelles il indique des solutions et sollicite l'avis des commerçants et industriels.

Je n'ai pas la prétention de résoudre d'aussi gros problèmes. Cependant, puisque vous désirez connaître mon opinion, je vous la donne sans avoir aucunement la prétention qu'elle puisse retenir un instant l'attention des compétences qui ont assumé la lourde charge de diriger notre politique financière.

*Première question.* — Comment et par quels moyens normaux et précis combler le déficit normal et annuel du budget, soit 5 milliards au moins, et ensuite ne plus rompre l'équilibre ?

Recettes. — En ce qui concerne les recettes, il faut admettre que le contribuable est arrivé à l'extrême limite de la charge d'impôts qu'il peut supporter. Mais s'il semble impossible de créer des impôts nouveaux, il est loisible de faire payer à tous les impôts déjà établis. Par exemple, la taxe sur le chiffre d'affaires est parfaitement capable de produire les 5 milliards qui ont été escomptés lors du vote de la loi. Il a été dit que cette taxe était un impôt de consommation perçu par les commerçants à chaque vente de marchandises, et versé par eux mensuellement au fisc.

Pourquoi avoir exonéré de ces paiements les consommateurs qui effectuent leurs achats par l'intermédiaire des coopératives, syndicats agricoles, etc... ? Puisqu'il s'agit d'un *impôt de consommation*, et cela ressort de la discussion qui a eu lieu à la

Chambre, tout le monde doit le payer, et on ne peut s'expliquer que certains consommateurs, sous prétexte qu'ils se sont groupés pour acheter, en soient exonérés.

D'autre part, parmi les commerçants et industriels, il est de notoriété publique qu'à l'heure actuelle, seuls, les commerces ou industries qui fonctionnent sous la forme de Société, soit en nom collectif, en commandite ou anonyme, c'est-à-dire ceux pour lesquels les intérêts personnels des associés, des commanditaires ou des actionnaires doivent être établis de façon précise par les bilans annuels, et aussi les grandes entreprises industrielles et commerciales modernes dont la comptabilité est organisée administrativement, seuls, dis-je, ces contribuables sont dans l'obligation de payer intégralement les impôts existants et de rembourser la totalité de la taxe perçue sur le chiffre d'affaires.

Certes, je ne veux pas dire que, parmi les petits et moyens commerçants, les petits et moyens industriels, il n'en est aucun qui acquitte consciencieusement sa part de charges; mais le contrôle est inexistant pour eux, et il ne sera réellement efficace que lorsqu'on imposera à tous la tenue d'une comptabilité régulière, l'obligation de l'inventaire et du bilan annuel. Or, il n'y a dans cette obligation rien d'inquisitorial ; c'est simplement une application stricte de la loi.

Enfin, pourquoi l'*impôt sur les revenus*, qui est appliqué aux propriétés d'agrément, parcs, jardins, etc..., en ville et à la campagne, n'englobe-t-il pas le revenu d'agrément du mobilier, des tableaux, bijoux, collections d'art, qui existent en si grande quantité dans notre pays ? Qu'on ne dise pas que l'évaluation de ce revenu serait difficile ; il suffirait pour en établir la valeur de prendre les déclarations portées par les propriétaires eux-mêmes sur leurs polices d'assurances. Il y a là, sans création d'impôts nouveaux, par une simple généralisation de la loi, un produit non négligeable à récupérer.

Je n'ai pas les éléments pour chiffrer l'accroissement des rentrées qui peuvent résulter de ces trois indications, mais il est considérable, et suffirait certainement à combler le déficit actuellement existant.

Mais il est un moyen beaucoup plus efficace encore d'augmenter le produit des impôts existants ; c'est de chercher à développer la *richesse*. *Enrichissez-vous* : tel devrait être le mot d'ordre. Nos gouvernants font-ils bien tout le nécessaire pour encourager le commerce et l'industrie et accroître la production ?

La France peut s'enrichir de façon particulièrement profitable de deux façons : par l'exploitation des produits de son sol et de ses usines, et par l'afflux des étrangers riches venant chez elle dépenser le trop-plein de leurs revenus. Toutes les préoccupations de notre gouvernement, de nos fonctionnaires et aussi des organisations privées, ne devraient-elles pas tendre à attirer chez nous les étrangers, à leur procurer confort et séjour agréable ?

Toutes les faveurs ne devraient-elles pas aller aux agriculteurs, commerçants et industriels, se livrant à l'exportation de nos produits ? Il semble que toutes les facilités, récompenses, décorations devraient leur être largement accordées ; chaque milliard exporté en supplément est une victoire remportée sur l'ennemi ! Tous nos agents consulaires devraient être intéressés par des faveurs, avancement ou croix, à l'accroissement dans leur circonscription consulaire, des exportations de la Métropole. C'est là la véritable politique qui nous permettrait de triompher de la crise actuelle

Dépenses. — Certes, je ne veux pas dire que des économies ne soient pas possibles et nécessaires. A l'exception de notre administration des finances, il semble qu'il y a pléthore de fonctionnaires dans un grand nombre de services publics. Une réforme de notre administration est évidemment indispensable. Trop d'officiers de carrière sont employés à des besognes fastidieuses et inutiles, alors qu'ils rendraient des services dans le commerce et l'industrie. Qu'on ne dise pas qu'il faut prévoir une mobilisation possible ; la guerre a montré ce qu'on peut attendre des officiers de complément.

On ne peut pas remercier, du jour au lendemain, des fonctionnaires auxquels on a donné une situation et fait des promesses de stabilité en échange de salaires médiocres. Mais il semble bien qu'on n'apporte pas à ces réformes l'énergie nécessaire.

*Deuxième question.* — Consolidation de la dette flottante. — La deuxième question posée par M. Vincent Auriol a pour objet la *consolidation de la dette flottante.* Cette dernière est actuellement de 70 milliards environ (non compris les avances de la Banque de France). L'importance de la somme constitue évidemment un danger, mais ce serait surtout un danger si la confiance du pays venait à être ébranlée ; à tout prix, il faut la maintenir.

Mais quel que soit le soin que le Gouvernement et le Parlement apporteront à ne rien faire qui puisse altérer l'admirable confiance des capitalistes dans les destinées du pays, il est évidemment imprudent de conserver trop longtemps une dette flottante aussi importante. Au lieu de la consolider, il me semble qu'il serait plus simple d'en essayer le remboursement au moins partiel. Courageusement, l'Etat devrait faire ce que ferait, en pareille circonstance, un simple particulier, c'est-à-dire réaliser son actif. Les biens nationaux sont nombreux et importants. Un grand nombre ne donnent aucun revenu et sont même d'un entretien coûteux ou d'une exploitation onéreuse, tels les chemins de fer, le monopole des allumettes, les établissements thermaux, les canaux, les domaines forestiers, les manufactures et certains arsenaux, les immeubles, etc.. Cette réalisation est possible ; elle peut être faite dans des conditions avantageuses à la condition d'être dirigée honnêtement et habilement. Le produit viendrait en déduction d'une partie de la dette flottante et notre budget allégé pourrait prévoir un amortissement supplémentaire avec l'économie d'intérêt réalisée.

*Troisième question.* — AMORTISSEMENT DE LA DETTE. — Je suis tout à fait hostile au projet de M. Vincent Auriol. Le prélèvement de 10 % du capital qu'il préconise aurait sur les affaires une influence déplorable ; il serait d'autre part complètement inopérant.

La plus grande partie de la fortune publique consiste, en effet, en terre, immeubles, matériel, marchandises, mobilier ou objets d'art. Que rapporterait à l'Etat une hypothèque sur ces biens ? car on ne peut songer à réaliser immédiatement des objets de cette nature ? Mais si le paiement est effectué par annuité, ce prélèvement se transforme en un nouvel impôt sur les revenus, faisant double emploi avec la taxe actuelle. Une pareille mesure risque de ruiner à tout jamais le crédit de l'Etat et aurait une influence désastreuse sur le développement commercial, agricole et industriel du pays.

J'estime qu'il est préférable de ne pas amortir du tout que d'employer ce procédé. D'ailleurs, il me semble que nous avons le droit de compter, à cet effet, sur les paiements de l'Allemagne. La fortune d'un Etat est constituée par le total des fortunes particulières de ses ressortissants ; il est donc inadmissible que l'Etat allemand puisse faillir à ses engagements, alors que la richesse des particuliers s'accroît dans des proportions considérables. L'amortissement de notre dette est fonction de l'énergie que notre Gouvernement et le Parlement apporteront à l'exécution de leur devoir.

---

*Un négociant ami nous écrit :*

J'ai lu avec beaucoup d'intérêt l'exposé de M Vincent Auriol. Mais, permettez-moi de vous dire que la question est formidable et que, pour indiquer mon point de vue, il faudrait avoir une certaine documentation ; or, celle-ci me fait défaut. Il y a bien longtemps que je pense à examiner cette question et à la soumettre à des groupements dont je fais partie, mais j'ai toujours été arrêté par le manque de renseignements précis. Il est bien certain qu'en France un simple particulier comme moi ne sait pas ce qui se passe dans les finances ; les journaux, ainsi que nos parlementaires, donnent des chiffres les plus extraordinaires et extravagants qui sont souvent en contradiction. Or, comment voulez-vous que nous puissions fournir des indications, quand nous n'avons rien pour être guidés ?

Néanmoins, dans l'exposé de M. Auriol, il y a des idées ; mais, qu'on me permette de dire, et même de crier de toutes mes forces que si les impôts étaient mieux établis et s'ils ne s'enchevêtraient pas les uns dans les autres comme cela existe, le rendement serait bien supérieur, car bon nombre de contribuables, *n'y comprenant rien, ne paient pas* ; et cependant, ils ne sont pas tous de mauvaise foi ; tous nos impôts ont besoin d'être remaniés, d'être rendus plus clairs.

Parlons seulement de la contribution personnelle mobilière dont on s'accommodait si bien : patentes, etc ; croyez-vous qu'il n'est pas ridicule d'établir des coefficients stupides avec, par exemple, 0,05678 (4 ou 6 chiffres), de même que pour les portes et fenêtres, et qui font perdre du temps à tout le monde pour établir les calculs, sans que personne n'y comprenne rien ? Ce serait si simple de dire que pour les loyers la contribution personnelle mobilière serait de tant pour 100 au-dessus de 250 francs de loyer, par exemple ; mais, en effet, ce serait trop simple.

Je n'insiste pas, car le temps me fait défaut, et je m'excuse pour cette lettre faite à la hâte. En tout cas, considérez-la comme uniquement personnelle.

Je vais, néanmoins, penser à la question, mais, ce qui importe surtout, c'est, en critiquant, de donner autre chose en remplacement, sinon nous perdons tous notre temps.

X.

---

## M. R. DELHAIZE

1° Il faut faire des économies partout en supprimant les rouages inutiles. Dans les régions dévastées il y a encore un gâchis énorme. L'armée et la marine peuvent subir des coupes sombres.

2° Il faut faire payer qui doit payer. Les revenus de 100.000 fr. sont très nombreux. Or, d'après les statistiques, très peu sont ceux qui paient. L'impôt sur le revenu devrait rapporter 3 à 4 milliards et il en rapporte à peine un.

Les petits commerçants ne paient pas la taxe sur le chiffre d'affaires, etc...

J'estime qu'avec les impôts actuels, les recettes devraient être plus élevées, de 4 à 5 milliards. C'est le ministère des Finances qui est cause de cela. Pas assez d'agents.

3° Pour la dette, n'y aurait-il pas moyen que l'Etat vende ses monopoles ? Moi, quand j'ai une dette, je vends ce que j'ai : auto, maison, etc.

L'Etat pourrait vendre chemins de fer, téléphones, tabacs, à des Compagnies françaises, pour une grande partie de sa dette. On ferait appel aux capitaux étrangers.

*Conclusions.* — Il y a assez de papier en circulation. Il me semble qu'avec des moyens ordinaires et simples on peut liquider la situation.

---

## M. FOURNIER-OLIDA

Pour rétablir nos finances, il est avant tout nécessaire de mettre de la responsabilité dans les administrations de l'Etat, dans ses entreprises et ses monopoles.

La gestion financière autonome permettrait en se rapprochant de l'organisation des sociétés bancaires et des compagnies d'exploitation, d'obtenir de ces entreprises ainsi gérées un rendement plus rémunérateur que celui obtenu jusqu'alors.

La politique sociale ne devrait intervenir en ces sortes de choses que sous l'aspect d'un bénéficiaire chargé de la répartition ou de l'emploi du surplus des bénéfices réalisés.

Dès que l'on confie des capitaux à une entreprise, sa gestion devient financière et c'est pour avoir méconnu cette vérité, que nous voyons le réseau des chemins de fer de l'Etat par exemple, avec un coefficient d'exploitation plus élevé et un coefficient de rendement inférieur aux autres compagnies de chemins de fer.

Faut-il rappeler que Clemenceau lorsqu'il proposa aux Chambres le rachat du réseau des chemins de fer de l'Ouest invoquait comme raison la nécessité d'abattre cette oligarchie financière qu'était la compagnie de l'Ouest ?...

Il ajoutait que l'Etat ferait de ce réseau racheté une exploitation modèle, un exemple à montrer aux autres compagnies de nos grands réseaux privés.

Que reste-t-il de ces promesses et pourquoi cette faillite ? Parce qu'on n'a pas voulu se rappeler qu'une entreprise qui veut prospérer, doit d'abord créer de la richesse, grâce à ses gains.

*Pour payer les dettes de la France*, il est donc indispensable d'améliorer, en vue d'un rendement meilleur, les organismes de production.

Pour les produits manufacturés, nous devons nous affranchir des fournitures étrangères et pour cela créer avec les ministères de l'Agriculture et du Commerce un organe de centralisation et de statistique chargé de renseigner et de diriger les efforts éparpillés des individus ou des entreprises.

Les syndicats professionnels régionaux d'abord, ainsi que les coopératives et les fédérations ou unions nationales ensuite, formeraient les artères de cette entreprise d'Etat.

Le rôle purement économique de celui-ci serait la coordination des efforts productifs de la métropole et des colonies, la main-d'œuvre mieux répartie, la région mieux desservie, les échanges plus ordonnés, les frais d'exploitation réduits, les impôts répartis avec une sûreté et une aisance accrues.

La formule régénératrice devrait être : *Plus de gaspillages et d'irresponsabilité !* toutes les entreprises payant à la collectivité une part des profits réalisés.

Lorsque notre maison serait assainie, il y aurait lieu d'envisager la conversion de la dette de guerre et la répudiation de la dette extérieure jusqu'à l'exécution par nos anciens ennemis des réparations qui nous sont dues.

Quant à un emprunt basé sur les dettes allemandes, qui nous paraît s'imposer, il ne peut réussir que sous la forme d'un emprunt international ; l'idée émise d'une émission de billets de banque gagés sur la créance allemande ne constituerait, elle aussi, qu'un saut nouveau dans l'inconnu.

*Nous recevons d'une importante firme commerciale la communication suivante :*

Les particuliers ont du papier bancable à concurrence d'une couverture en espèces ou en valeurs immobilières ou en raison du crédit présenté par le tiré.

Certains facteurs moraux : honnêteté, réputation de travail, réussite éventuelle de l'opération commerciale ou industrielle, rentrent souvent en ligne de compte pour le crédit, mais ces facteurs sont vite éliminés par la vacuité du coffre-fort.

Ce qui est vrai des individus, est vrai des nations. Emettre des billets, c'est créer du numéraire, à la condition qu'il y ait couverture à la Banque d'Etat. Confiance est donnée au billet de banque, qui conserve sa valeur conventionnelle, basée sur l'étalon d'or, tout autant qu'il est certain qu'il sera échangé à vue contre du numéraire métallique de valeur égale. L'expérience confirme la règle.

Nous avons déjà une circulation fiduciaire en billets de banque de cinquante milliards, la couverture n'en atteint même pas le dixième.

Les conséquences en sont funestes et tangibles : le change est très élevé, d'où instabilité des relations commerciales extérieures, produits d'importation d'une valeur excessive ; à l'intérieur, arrêt dans les entreprises commerciales et industrielles en raison de l'insécurité des capitaux, augmentation du coût de la vie hors des limites des moyens normaux pour satisfaire des besoins créés par une richesse factice.

Augmenter simplement l'inflation fiduciaire, c'est aggraver la crise économique, augmenter à nouveau le coût de la vie avec la perspective de la banqueroute à notre porte.

L'inflation par n'importe quels procédés ne résout pas le problème. Elle l'aggrave et nous restons toujours en présence de la conclusion imposée « équilibrer un budget de 52 milliards de dépenses alors que les recettes atteignent 18 milliards à peine ».

Deux formules restent en présence :

1° Augmentation des impôts et création de nouveaux ;

2° Compression des dépenses.

Pour le premier moyen, le législateur ne doit pas oublier qu'il y a une limite aux forces contributives, que cette limite est déjà atteinte.

Demander aux contribuables un effort plus grand que celui qu'ils supportent maintenant est impossible, ce serait tarir les forces de la France : l'agriculture, le commerce et l'industrie !

L'activité économique s'éteindrait. En outre, l'écrasement du peuple par l'impôt est le bouillon de culture dans lequel germent les bacilles de toute révolution sociale.

La crise financière se débat entre ces deux alternatives : ou créer des ressources fiscales nouvelles, ou comprimer les dépenses en les diminuant dans de grandes proportions.

La première est un suicide ; la seconde est seule logique et d'axiome économique : « A revenus insuffisants, dépenses réduites ».

A une époque où la France était dans le délabrement financier le plus complet, en 1717, sous Louis XV, le projet du duc de Noailles pouvait sauver la France. Une excessive économie dans les finances. C'était le salut !

Les privilégiés, les jouisseurs, qu'auraient atteint les mesures préconisées, les partisans de la politique du pire, qui trouva sa formule finale dans la bouche du chef du Gouvernement : « Après moi le déluge ! », s'opposèrent aux desseins de Noailles.

Celui-ci demandait quinze ans d'excessive économie à un pouvoir au jour le jour, Law promettait de faire jaillir des richesses inconnues du sein même de la ruine. Law triompha. Fin janvier 1718, la Banque d'Etat était créée.

Tempérée au début par le principe d'une encaisse métallique équivalente à l'émission, l'inflation fiduciaire ne tarda pas à se produire.

En octobre 1719, la banque avait fabriqué 3 milliards 71 millions de papier-monnaie. L'encaisse métallique était néant.

En décembre suivant, la France s'effondra dans la catastrophe de la rue Quincampoix : l'or et l'argent resserrés dans quelques mains, les travaux arrêtés, les produits accaparés et hors de prix : une paire de bas de soie coûtait 40 livres, une aune de drap gris fin de 70 à 80 livres. L'expérience apprend que les moyens pratiqués en dehors de l'économie ont échoué.

Il appartient donc au Gouvernement actuel de faire ce que nul autre n'a fait : comprimer les dépenses. Il ne lui faut que de la fermeté, de l'ordre et de la persévérance : en un mot « vouloir ! »

De prime abord et sans discussion aucune, la suppression des services nés de la guerre s'impose, personnel militaire ainsi que personnel civil rattachés à l'Administration militaire. Ces services font double emploi avec les services administratifs, municipaux et départementaux.

La division administrative territoriale actuelle née des circonstances révolutionnaires de 1789, permettant d'étendre les nouveaux principes sociaux et d'étouffer plus facilement les foyers de révolte contre le pouvoir constitué a eu raison d'être pendant un siècle environ, c'est entendu : mais, aujourd'hui, l'extension et la rapidité des moyens de communication de toutes sortes (routes et chemins, voie ferrée, automobiles, bicyclettes, poste, télégraphie et téléphonie) ne justifient plus la densité des pouvoirs administratifs, le rapprochement étroit des administrateurs avec les administrés.

La commune doit être la base de toute l'organisation administrative. Sa minorité sous la tutelle d'un Préfet est vieux jeu ; son émancipation s'impose avec l'extension de ses franchises, de ses droits en matière d'administration propre : budget, police, voirie, ramenée à une seule : rurale, relation directe avec la Préfecture qui sera le trait d'union avec le pouvoir central, rapports entre communes réglés par les Conseils généraux.

La réforme de la loi de 1884 sur l'organisation municipale entraîne la supression des sous-préfets, simples intermédiaires entre les communes et les préfets ; la circonscription d'arrondissement disparaît. La commune maîtresse de sa voirie, le service technique se réduit à l'agent-voyer cantonal. La grande voirie se centralisera en un seul service au chef-lieu du département sous la direction d'un seul ingénieur.

La division départementale purement arbitraire ne répond pas pour une région aux affinités d'intérêts agricoles, commerciaux et industriels, qui se trouvent le plus souvent opposés par cette division administrative. Le groupement de départements à intérêts économiques communs s'impose et facilitera les économies.

Cette réorganisation doit se faire sans à-coups, par étapes.

Une première étape dans le régionalisme peut d'ores et déjà être franchie en prenant pour unité administrative territoriale le ressort des cours d'appel.

A l'instar de la justice, au chef-lieu du ressort, il y aurait un Préfet général qui serait le trait d'union entre les préfets des départements groupés et les ministères ; un tribunal administratif de même composition qu'une chambre de tribunal civil fonctionnerait pour tout le ressort et amènerait la suppression des conseillers de préfecture.

Les tribunaux d'arrondissement doivent disparaître. Si cette réforme ne peut se faire totalement, qu'au moins le Gouvernement mette à exécution le projet à l'étude depuis de longues années : supprimer ceux des tribunaux dont les affaires principales plaidées n'atteignent pas la centaine. Si les magistrats dont le siège aurait été atteint par cette mesure se livraient à une petite supercherie qui consistait dans la statistique civile de fin d'année à produire au minimum cent affaires plaidées en portant des affaires incidentes comme affaires principales, un contrôle un peu sérieux aurait tôt fait de la découvrir, et 70 % des tribunaux d'arrondissement pourraient être rayés des dépenses du budget.

Corrélativement aux tribunaux, les prisons d'arrondissement auraient vécu. Pour les Palais de justice maintenus un local, dit chambre de prévention, serait suffisant ; après condamnation les délinquants purgeraient leur peine dans les prisons départementales ou régionales avec travail obligatoire dont le produit paierait les frais de garde, de nourriture et d'entretien.

Avec le régionalisme, les législateurs, moins préoccupés de questions politiques locales, pourront être réduits en nombre dans chacune des deux Chambres. Leur besogne serait bien amoindrie par les travaux des Chambres de commerce et d'agriculture et des conseils régionaux.

Le service militaire ramené au temps minimum nécessaire à l'instruction du soldat, le personnel des écoles primaires réduit en raison du nombre des élèves, le personnel des ministères diminué par une réorganisation du travail et la disparition de la paperasserie inutile, sont encore des sources d'économie que l'Etat doit exploiter immédiatement.

A côté des dépenses nées de besoins que l'on avait créés, besoins aujourd'hui devenus inutiles, il y a une cause de déficit due au gaspillage et à la prodigalité : des immeubles sont mis à la disposition de fonctionnaires qui ne les occupent qu'en partie ; leur entretien nécessite des frais que leur destination ne motive pas. Il n'y a qu'à réduire ceux-ci au strict minimum pour la conservation des immeubles et supprimer les crédits destinés à en faire des palais. Une autre source de gaspillage réside dans l'emploi d'automobiles que les besoins de la fonction auxquels ils sont appliqués ne justifient pas. Leur suppression s'impose.

Enfin, il y a des services que rien n'explique, par exemple les inspecteurs de pêcheries, dont la suppression est de rigueur et dont l'utilité consiste à faire un trou dans notre budget.

La compression des dépenses avec la juste application des impôts dans les limites de la force et de la capacité de la matière imposable est la seule formule que doit pratiquer l'Etat.

C'est là notre opinion absolue !

Les économies réalisées comme nous l'avons dit, seront suffisantes pour payer l'arrérage des dettes sans procéder à des emprunts nouveaux auxquels nous sommes opposés.

Les régions libérées doivent être reconstruites avec les ressources récupérées sur l'Allemagne en matières premières et en main-d'œuvre.

La liberté du négoce donnée au commerce et à l'industrie avec la suppression des impôts vexatoires les accablant doivent être seules demandées à l'Etat.

A la concurrence seule productrice du maximum d'effort répondra le maximum de production, avec la confiance et le crédit au travail reviendront les capitaux, parce que ceux-ci ne seront plus gagés sur des promesses mais sur des valeurs intrinsèques, matérielles et tangibles, créées chaque jour, des marchandises.

## M. DUMONT

J'hésite beaucoup à donner mon avis sur une question aussi importante. Ma compétence est nulle en matière financière. Alors qu'il y a tant de gens autorisés qui vont donner des arguments sous une forme littéraire, qui en rendra la lecture attrayante et surtout convaincante. Seulement, je voudrais bien savoir s'ils seront aussi convaincus eux-mêmes qu'ils voudraient le faire paraître.

Certains de ceux qui préconisent l'inflation fiduciaire sont, cependant, je crois, sincères. Mais, ce sont des théoriciens qui ne coudoient pas le public et qui manquent de psychologie.

Si on crée à nouveau des milliards papier, on n'aura pas pour cela enrichi l'humanité d'un centime ! on aura simplement créé une fortune fictive. Ces milliards provoqueront infailliblement un nouveau renchérissement de la vie. Tout augmentera de nouveau, car l'argent gagné facilement est facilement dépensé.

A mon humble avis, je crois qu'il faut que nous continuions à tirer la langue, car c'est le seul moyen de forcer au travail, et il n'y a que par le travail que nous nous sauverons. Il faut recréer une fortune réelle ; et, il faut la tirer de la terre, en moissons, en produits d'élevage, en charbon, en fer, etc...

Ce n'est pas l'or qui manque, c'est son pouvoir d'achat qui a diminué, parce que : tout ce qui a été détruit au cours de la guerre, en vertu de la loi immuable de l'offre et de la demande, n'est plus là pour peser sur le marché.

A l'heure actuelle, le quintal de blé vaut 75 francs parce qu'il n'y a pas assez de froment pour nourrir ceux qui consomment du pain. Mais... si demain, par un coup de baguette « magique », la Russie pouvait mettre à la disposition du monde cent millions de quintaux de blé, le blé tomberait à 20 francs, peut-être à moins parce qu'à ce moment, l'offre l'emporterait sur la demande ; et cela est tellement vrai que depuis un an environ, tous les articles d'alimentation ont baissé de prix.

Si l'on augmente la circulation fiduciaire, en créant de nouveaux papiers, nous allons encore déprécier notre change.

Cela est tellement élémentaire, que je suis convaincu que ceux qui pensent à cette solution y sont très fortement intéressés, et, qu'ils sacrifient l'intérêt et l'avenir du pays à leur intérêt personnel immédiat.

Et pourquoi une loi ne forcerait-elle pas tout le monde au travail ?... Devrait être traqué tout individu qui ne vivrait pas du fruit de son travail ; même, et surtout, les étrangers, à moins qu'ils n'aient prouvé qu'ils ont des moyens d'existence suffisants en mettant le pied sur notre territoire.

Je voudrais aussi que l'on fasse une guerre acharnée aux « budgétivores » qui se plaignent toujours de leur traitement et qui palpent de tous côtés.

Je voudrais que l'on fusillât tout individu qui aurait d'une façon quelconque trafiqué des deniers de l'Etat, et tout fonctionnaire qui par négligence, paresse ou incapacité, aurait laissé dilapider la fortune publique !

On m'objectera que ce sont là des mesures excessives et anormales. Mais... ne sommes-nous pas dans une période ou tout est anormal ?... Est-ce que lorsqu'un médecin a un cas désespéré sous les yeux, il ne recourt pas à des mesures radicales, par l'opération chirurgicale ?... Eh bien ! la France est malade et diablement malade... Quel est le grand médecin qui aura le courage de recourir à l'opération chirurgicale ? Les générations futures lui éléveraient non pas une statue, mais conserveraient son nom avec culte.

Voilà cher Monsieur Gilles Normand, ce que ma petite cervelle rêve. Je le répète : Je ne me suis permis de vous donner mon humble avis, que parce que je vous ai apprécié comme un homme d'action.

---

## M. M. SAMSON

Je vous donne ci-après, très sérieusement, ma façon de penser ; je vous prie, néanmoins, de ne pas la prendre au pied de la lettre et d'en tirer seulement ce que vous jugerez bon dans l'intérêt général.

Il y a une grande responsable du gâchis actuel : c'est la politique de surenchère et de clocher ; si beaucoup songeaient un peu plus au bien de la collectivité, nous ne serions pas où nous en sommes.

Combien ne veulent pas réaliser d'économies pour ne pas compromettre leur réélection ?... Aussi, nous avons des arsenaux avec des milliers d'ouvriers, dont le principal travail est de passer à la caisse !

Pendant ce temps, la terre manque de bras et les offices de reconstruction des pays dévastés embauchent des légions d'ouvriers étrangers !

Nous avons des écoles primaires sans élèves où les maîtres touchent chacun 5 à 6.000 francs par an ; des collèges où il y a plus de professeurs que d'élèves : est-ce que les lycées du chef-lieu ne seraient pas suffisants ? Oui, certainement, car, malheureusement, la place ne manque dans aucun !

Et les tribunaux d'arrondissement, les prisons d'arrondissement, les sous-préfets ! Toute cette fourmilière de fonctionnaires inutiles dans tous les ministères, administrations, préfectures, etc... !

Tous ces employés civils des deux sexes dans les casernes touchant des salaires inconnus dans le commerce et l'industrie : informez-vous de la somme de travail fournie par ces parasites, elle se chiffre par zéro ! Et les employés des petites gares où il passe deux trains par jour : une équipe pour le train du matin, une autre pour celui du soir !

Et cette armée d'officiers en surnombre plus que grassement rétribués !

Renvoyez donc tous ces gens-là à la campagne d'où ils sortent, vous réaliserez des centaines de millions d'économies !

Vous allez parler de droits acquis ? Est-ce que les ouvriers et les employés de commerce et d'industrie en ont ? Est-ce qu'ils en invoquent lorsque leur patron est obligé de les renvoyer faute de travail ?

Et les usines de guerre avec tout leur personnel inoccupé ? Etc., etc...

En voilà des économies à faire en suprpimant tous ces abus.

Voudra-t-on ?... Rien n'est moins probable.

Enfin, pour résumer : « Compression énergique de toutes les dépenses, simplification de l'administration par la création de la région, suppression immédiate de tout rouage inutile, conversion de la rente 6 % en 5,5 % en 4, émission du nombre de milliards nécessaires au rachat de la rente 4, 5 et 6 % et les bons de la Défense Nationale en billets de la Banque de France, billets qui devront être consacrés exclusivement au rachat de ladite rente et des bons.

Evidemment, tout cela ne permettra pas d'équilibrer les budgets futurs, aussi, la création d'une loterie nationale s'impose, elle seule donnera le complément nécessaire.

Suppression du fonds de soutien de la rente dont le marché devra être rendu libre. Cette suppression nous donnera bien deux ou trois cents millions !

En demandant à tous les réseaux de faire faire huit heures de travail effectif à leur personnel, ils pourront, de ce fait, supprimer une vingtaine de mille d'employés, cela allègera de plus de cent millions le fonds de garantie.

Liquidation une fois pour toutes des stocks du célèbre ravitaillement. En ce moment, il y a encore à Bassens des milliers de quintaux de blé en train de pourrir ! C'est beau l'étatisme !

Je pourrais continuer à l'infini, mais à quoi bon !...

## OPINION D'UN INCONNU

Nous avions formé le projet de demander à des personnalités bien marquantes du monde commercial, financier et industriel, leur opinion sur la question financière. On vient de lire quelques-unes de leur réponses.

Mais dans la plupart des cas, après s'être ouverts à nous librement, au titre privé, commerçants, financiers et industriels se reprennent et nous adjurent de ne pas publier leur opinion.

En période de prospérité, les gens sont fort bavards et donnent leur avis sur toutes choses. En temps de crise, ils se taisent, et surtout publiquement. J'entends tous les gens dont la profession n'est pas de parler — ni d'écrire.

Pourtant, commerçants, industriels, financiers, agriculteurs, ont voix au chapitre. Quand nous les interrogeons, ils savent bien dire, quitte à demander ensuite le secret : « C'est le voisin qu'il faut imposer, c'est lui qui est riche ; le serait-il moins que moi, il n'a pas besoin de fonds de roulement aussi importants. Il s'est enrichi pendant la guerre. Au surplus, c'est MON INDUSTRIE (ou MON COMMERCE, OU MA BANQUE, OU MON DOMAINE) qui fait vivre le pays. Il faut l'encourager, la dégrever, la libérer... » Mais ils s'inquiètent peu de savoir comment on l'atteindra, le voisin, et si c'est faisable, et s'il ne vaudrait pas mieux ne pas chercher à l'atteindre, mais le mal même, dans ses racines les plus profondes.

— Oui, oui, crient-ils, publiez qu'il faut faire des économies. Je vous autorise à attacher mon nom à ce projet génial. Les fonctionnaires... les 720 francs... les Ministères...

Mais si l'on vient à leur répondre que la principale, la seule économie à faire portera sur le service des rentes que l'Etat a si libéralement émises ou dont il a si généreusement payé ses fournisseurs, ils ne comprennent plus et se dérobent.

Aussi, l'idée nous est-elle venue de descendre de plusieurs barreaux dans l'échelle sociale et d'interroger de braves gens, et sincères, qui ne se croiraient pas compromis parce que leur nom figurerait dans une revue, au bas d'une pétition d'opinion. Nous voulions prendre au hasard, choisir des inconnus, un artisan, un cultivateur, un camionneur, toutes gens dont le travail fait, en temps de crise comme en temps de prospérité, la vie essentielle du pays. Et nous ne craignions qu'un danger, c'était, malgré toute la bonne foi que nous nous connaissons, de nous laisser aller à ne tenir compte que des déclarations qui eussent affermi nos opinions personnelles...

Hélas ! les choses ne se sont point ainsi passées. Nous avons rencontré et interrogé bien des inconnus. Nul n'a su nous répondre. Sur la politique, la guerre, l'histoire, la philosophie, les plus ignorants d'entre eux nous auraient dicté des volumes. En matière de finances, ils se déclaraient incompétents.

— Mais voyons, leur disions-nous, rien n'est au contraire plus à votre portée. Vous savez bien équilibrer votre budget, mettre de l'argent de côté ou emprunter dans les moments difficiles. Quelle différence avec le budget de l'Etat ? Supposez que vous ayez huit mille francs d'appointements, sur lesquels vous en devez tous les ans quatre mille pour payer l'intérêt d'une dette de cent mille francs. Vous avez à retrancher des quatre mille qui vous restent quinze cents francs pour acheter des sabres, des tambours et des petits bateaux à vos enfants. Votre bonne vous coûte également quinze cents francs. Il vous reste mille francs pour manger. Non, avant de manger, il faut encore...

Mais les braves gens détalaient. Ils nous prenaient pour un fou, et vraiment il y avait de quoi.

Nous n'avons rencontré qu'un homme, entre cent, qui nous ait parlé un langage qui vaille d'être rapporté. C'est un forgeron établi depuis trente-sept ans sur un boulevard proche du Jardin des Plantes.

— Monsieur, nous a-t-il dit, j'ai élevé cinq enfants, la guerre m'en a tué deux. J'élève aujourd'hui trois petits-enfants qu'ils m'ont laissés. Je travaille dur. J'ai de bons compagnons et des apprentis dont je ferai de bons ouvriers. Vos chiffres de finances sont énormes. Mais vous trouveriez également formidable le nombre de fers que j'ai mis aux pieds des chevaux et des roues dont j'ai réparé les bandages. Je connais vos chiffres : ils ne me font pas peur, et surtout ils ne me trompent pas. Il y a du vent, là dedans. Avec une piqûre d'épingle, on les dégonflerait pas mal.

« Voyez-vous, monsieur, je n'aime pas les gens qui crient aux autres : Travaillez, produisez, créez. J'aime ceux qui se disent à eux-mêmes : réduis-toi, compte, prive-toi. La Nation doit produire, mais elle doit en même temps, pour se remettre d'aplomb, consommer aussi peu que possible. Il faut qu'elle rétablisse ses réserves. Quand j'ai besoin de fers, moi, il ne faut pas que le fabricant me dise : je vous les livrerai quand ils seront faits ; car alors je resterai peut-être des mois les bras croisés, et le fabricant me vendra ses fers dix fois ce qu'ils valent. On dit que les gens commencent à se priver du superflu. Tant mieux. Mais s'ils y avaient pensé il y a trois ans, ils ne seraient peut-être pas obligés, comme cela va venir bientôt, de se priver du nécessaire.

« Le budget ? Mais je le mettrais en équilibre tout de suite. Treize milliards par an pour payer des rentiers de guerre ? Mais c'est là qu'il est, l'argent des mercantis et des gros profiteurs. Vous voulez imposer les bénéfices de guerre ? Tapez sur la rente. Reprise de 10 % sur la rente de 1915 et de 80 % sur la rente de 1920. Les bons de la Défense Nationale. Pour combien y en a-t-il, 70, 80 milliards ? Reprise de 80 % des bons de mille francs et de 10 % des bons de cent sous. Il en restera pour dix, quinze, vingt milliards, que vous consoliderez petit à petit, avec perte pour le porteur.

« Et puis ? Les réparations ? La dette allemande ? Ah ! n'attendez pas de moi des récriminations. Ce qui est fait, ou pour mieux dire, ce qui n'est pas fait, est encore mieux consolidé que la dette perpétuelle. La France se réparera elle-même et soldera seule jusqu'au dernier sou de ses pensions. Pourquoi ne pas le dire ? Pourquoi ne pas prendre les devants ? Avec des chiffres cela ne tiendrait pas debout. Mais il n'y a pas de chiffres. La finance se fait maintenant avec des mots. Que la France n'aille pas à la prochaine conférence. Et vous verrez la g... des autres nations !

« Je vous parais bien agressif, monsieur, et chauvin, impérialiste, comme on dit. Pas du tout. Je n'en veux pas à mes voisins, anciens amis, alliés, etc... J'en veux aux gens de chez nous, aux grues qui roulent automobile, aux ministres qui parlent, aux militaires qui mendient du galon, aux banques qui volent, à toute cette « classe dirigeante » dont la faillite est imminente. Je ne suis pas bolcheviste ni même socialiste. Mais révolutionnaire, oui. Et s'il faut un coup de tabac, je ne serai pas le dernier à y courir.

« Je n'aurais pas dit cela en 1914. Et si je le dis aujourd'hui, ce n'est pas par colère ou par chagrin. C'est par amour des bonnes finances... »

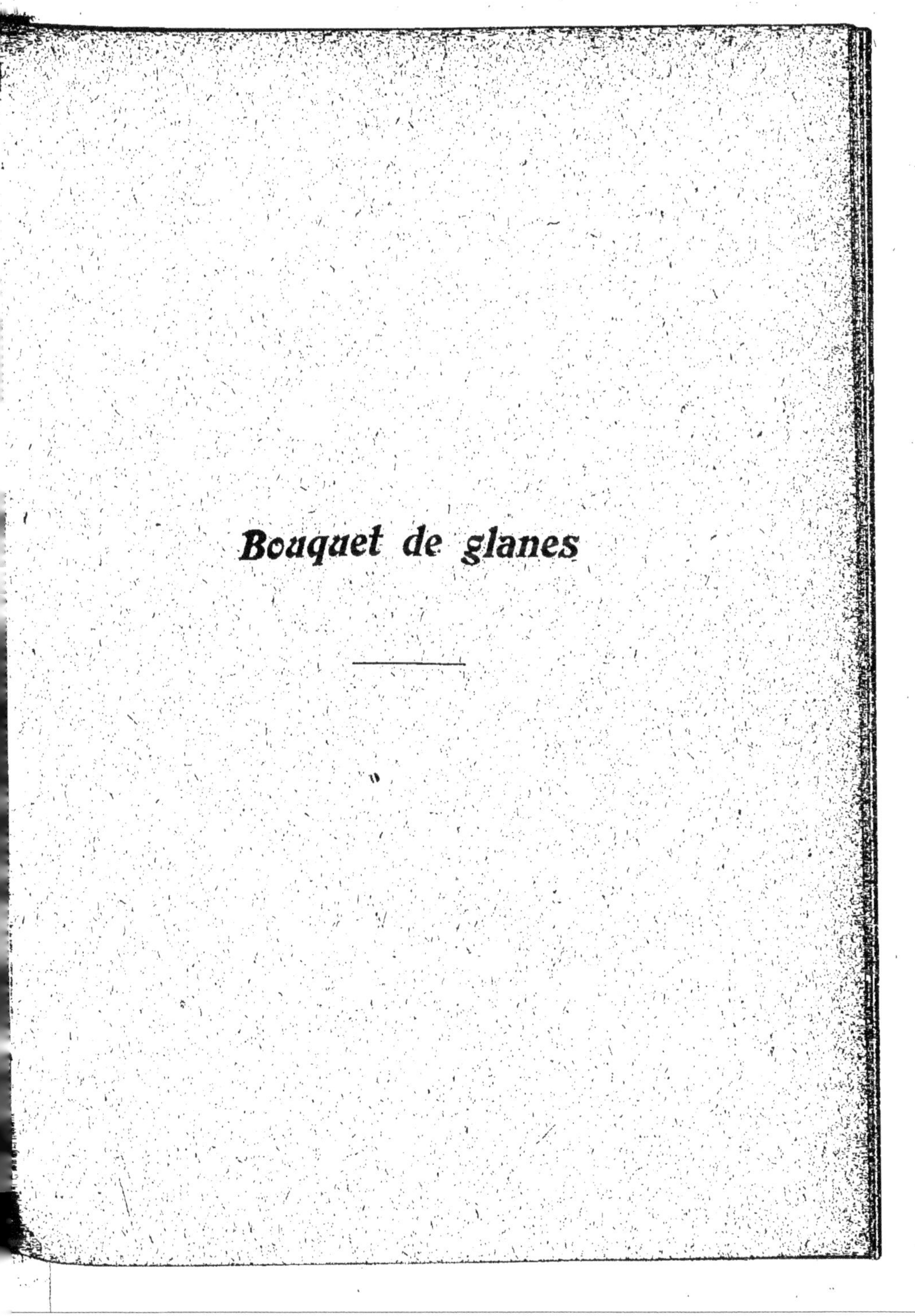

# Bouquet de glanes

# BOUQUET DE GLANES

*Nous aurions pu pousser à l'infini notre enquête financière. A quoi bon ? Nous avons interrogé des hommes de mérite, qui tous, nous ont répondu de fort bonne grâce, mais non, nous nous en sommes bien rendu compte, sans quelque déchirement intérieur. Aussi, laissons en paix ceux que nous n'avons pas obligés à confesser une fois de plus le grand marasme du crédit public, et contentons-nous de butiner, de-ci, de-là, quelques fleurs éparses sur l'immense cimetière de la Presse et de la Librairie contemporaines.*

## M. PAUL DOUMER

M. Paul Doumer, avant qu'il fût ministre, n'était pas content de la situation financière de la France. Il se plaignait des discours inconsidérés qu'on prononçait à la tribune, des documents fournis aux commissions, lesquels fourmillent d'erreurs grossières, des calculs erronés sur lesquels on fondait les ressources, et des services parasites qui dévorent le budget, qui sont autant de fissures par où s'écoule l'argent du contribuable.

Il s'exprimait ainsi (*Journal officiel* du 31 décembre 1920, en parlant du Ministre des Finances (alors M. François-Marsal):

« *Parlant des Bons de la Défense, M. le ministre des finances* « *nous disait :* « *Nous sommes très satisfaits ! On nous apporte* « *de l'argent tous les jours ; nous vivons de ces emprunts quo-* « *tidiens.* » *Et vous croyez que cela peut continuer ainsi ?* Ces emprunts à court terme constamment remboursables constituent en réalité un péril pour le Trésor public... Ce que nous ne voulons pas, c'est qu'ils servent à payer les dépenses publiques normales. »

Il serait cruel de demander à M. Paul Doumer, devenu ministre, s'il a trouvé un moyen d'alimenter sa Trésorerie autre que par l'émission incessante des Bons de la Défense Nationale.... Oui, car il a inventé le Bon du Trésor à deux ans, irrégulier, illégal, qui est peut-être le « corps étranger » qui fera casser la machine, à son échéance, en mai 1923.

Mais poursuivons cette citation de M. Paul Doumer, alors simple rapporteur général du Budget :

« *La seule comptabilité de l'heure présente, consiste à faire le compte des sommes que l'on reçoit. Quelle serait la situation d'un commerçant qui se bornerait à tenir compte de ses recettes sans enregistrer ses dépenses ? C'est à un pareil désordre que l'on est arrivé au ministère des finances. On nous indiquait, par exemple, que dans le mois de septembre, on avait reçu en ressources ordinaires ou extraordinaires diverses,* 1.742 *millions ; en fonds d'emprunt* 2.053 *millions, soit un total de* 3.795 *millions, que des avances supplémentaires de la Banque de France portaient à* 5.165 *millions ; qu'au mois d'octobre on avait reçu* 2.208 *millions de ressources ordinaires ou extraordinaires diverses,* 2.703 *millions de fonds d'emprunt, et une petite avance de* 200 *millions de la Banque de France, au total* 5.111 *millions ; et on ajoutait : C'est bien cela que nous avons certainement dépensé, puisqu'il ne nous reste rien du tout.* (Exclamations et rires.) *Une telle situation doit cesser.* »

« Je tenais à montrer la nécessité où nous sommes de rétablir l'équilibre budgétaire malgré tout, *malgré le gouvernement*, malgré le ministère désorganisé des finances. Oui, le ministère est désorganisé ; *cela ne fait aucun doute pour tous ceux qui prennent contact avec lui.* C'est à ce prix seulement que nous pourrons rendre confiance au monde dans les possibilités de relèvement de la France. »

Sans doute, devenu Ministre, M. Paul Doumer a-t-il tout réorganisé, ou nettoyé quelque chose, pour le moins... Hélas non !

---

## M. CELLIER

*Directeur honoraire au Ministère des Finances*

Tout récemment, M. Cellier, directeur honoraire au ministère des finances, faisait une conférence aux anciens élèves de l'Ecole des Sciences Politiques, sous la présidence de M. Alexandre Ribot, ancien Président du Conseil, ancien ministre des finances. M. Cellier a dit :

« *Personne ne sait ni le montant de nos recettes, ni le montant de nos dépenses, non plus que le chiffre de nos dettes.*

« *Depuis sept ans, il n'y a plus ni comptabilité ministérielle, ni comptabilité financière. C'est par des moyens de fortune qu'on supplée à la comptabilité régulière.* »

---

## M. ALEXANDRE RIBOT

M. Alexandre Ribot écoutait M. Cellier, approuvait... Mais au fait, n'était-il pas ministre des finances quand le désordre s'introduisit dans la comptabilité, il y a sept ans ? Et n'est-il pas l'inventeur responsable des Bons de la Défense Nationale et de cette politique d'emprunts onéreux à laquelle nous devons le désordre et la misère d'aujourd'hui ?

---

## M. MAX LAMBERT

Six mois après les lamentations de M. Paul Doumer, la situation n'a pas changé. M. Max Lambert, un économiste fort distingué, écrit le 17 juin 1921 dans le *Journal des Finances* sous le titre : « On demande un ministre des finances et un plan financier » :

« La langueur de la Bourse, le resserrement des crédits, la paralysie des affaires, sont autant d'indices de la gravité de la situation. De cette gravité, des chiffres seuls sont susceptibles de donner la mesure. Or, si nous faisons le bilan, nous constatons que nous sommes en présence d'un passif de 500 à 530 milliards, dont la rémunération à 5 % nous obligerait à une dépense annuelle de 25 milliards, mais qui est en fait plus élevée en raison des exigences actuelles du service des pensions et des besoins immédiats des régions libérées, et cela sans qu'un centime ait été consacré au fonctionnement des services publics, à l'amélioration de notre outillage national, au développement des réformes sociales, abstraction faite, en un mot, des nécessités du budget ordinaire.

« En regard de ce formidable passif, l'actif tient en une ligne : 62 milliards de marks promis par l'Allemagne.

« Telle est notre détresse financière et si jusqu'à présent elle n'a encore été que confusément ressentie, ce fut grâce à des expédients de trésorerie, et notamment à un recours abusif à la dette flottante.

« Les dépenses de l'Etat étant continues et les recettes étant intermittentes, le Trésor emprunte à court terme : trois mois, six mois, un an. C'est la raison d'être des Bons du Trésor. Chaque année, la loi de finances en autorise l'émission et en fixe le maximum.

« Au cours de la guerre, le Bon du Trésor est devenu le Bon de la Défense Nationale. En opérant cette transformation, M. Ribot a respecté la règle constitutionnelle. Il s'est fait autoriser par quatre lois dont la dernière, en date du 7 avril 1915, fixa le maximum des émissions à 7 milliards.

« Ce chiffre a été dépassé une dizaine de fois et le désordre financier est tel que le Gouvernement a pu emprunter ainsi une soixantaine de milliards sans en informer le Parlement. Toutes ces émissions de bons furent illégales; comme est illégale l'émission des Bons 6 % à deux ans et l'emprunt aux Etats-Unis de 100 millions de dollars à 9,25 %.

« Devant cet oubli ou cette méconnaissance des principes fondamentaux de notre droit public, comment s'étonner que l'administration dépense sans compter et emprunte sans limites ? Le désordre engendre le désordre et la carence du Parlement dans sa mission essentielle de contrôle laisse la voie ouverte à toutes les prodigalités.

« Témoin de cette gabegie, le contribuable est peu enclin à porter au percepteur le montant de sa cote. Les impôts d'ailleurs mal étudiés et mal assis ne rentrent pas.

« C'est la trésorerie qui fait face à tout. A tout moment elle doit être prête. L'a-t-elle toujours été, l'est-elle actuellement ? C'est une autre question. Bien des créanciers de l'Etat se plaignent des retards dont ils sont victimes.

« Malgré cela, l'Etat fait un appel constant aux capitaux ; il pompe toutes les disponibilités, faisant l'argent cher, parce que rare, pour les entreprises industrielles.

« Comme il ne rembourse pas, mais qu'il consolide, la dette flottante se transforme en dette perpétuelle, dont l'abondance des titres, qui ne sont négociables que dans les plus étroites limites, crée l'engorgement du marché.

Les capitaux ainsi engagés étant prisonniers au moment où les affaires sont paralysées, les meilleures valeurs sont réalisées. Une dépression constante pèse sur le marché. La cause fondamentale d'un malaise qui chaque jour devient plus angoissant, c'est que nous n'avons plus de finances.

« Il nous faut un ministre — peu importe l'homme, s'il est à la hauteur de la tâche — capable de nous en restituer. »

---

## M. FRANÇOIS-MARSAL

M. François-Marsal, exécuté par M. Paul Doumer et quelques autres, ne s'en porte pas plus mal. Au mois d'octobre 1921, il donne son sentiment, oh ! bénin... bénin... sur le rôle de la France dans la défense de l'Esprit, en réponse à une enquête ouverte par la *Revue de la Semaine*. On y lit ce passage :

« La création ou le rétablissement de finances saines dans un Etat ne saurait se poursuivre dans l'abstrait. La technique financière ou la recherche des modalités fiscales sont évidemment nécessaires, mais ce sont les à-côtés du problème. Ce sont des moyens d'action qu'il faut employer et savoir manier en temps de crise, mais le programme financier de relèvement d'un pays doit être basé sur un programme économique et conditionné par ce dernier.

« C'est de la situation économique que dérive la situation financière, c'est par conséquent la politique intérieure et extérieure du pays, c'est la politique sociale qui vont diriger les destinées financières des Etats.

« C'est par les résultats financiers obtenus que l'on jugera inexorablement la valeur du programme d'ensemble suivi par un gouvernement »

On y lit encore :

« Tous les efforts internes seront vains si la politique extérieure n'est pas dominée, elle aussi, par la compréhension et le souci des résultats financiers qu'elle doit entraîner. La politique extérieure suivie par la France avec ses voisins, avec des pays lointains, avec les Alliés de la grande guerre, ceux qui sont restés neutres et ceux qui furent nos ennemis, nous permettra de faire des échanges ou, au contraire, nous enveloppera et nous bloquera dans une véritable muraille où nous étoufferons malgré nos efforts. Ceci est vrai en temps normal, mais combien est-ce plus exact encore au moment où nous avons à retirer d'un traité de paix qui a défini des principes, mais n'a rien fixé de précis, les résultats matériels auxquels le pays a droit et qu'il attend avec impatience.

« Certes, nous savons bien que le vaincu ne nous indemnisera pas des frais de la guerre, puisque nous avons renoncé à les lui réclamer ; mais nos Alliés ont reconnu notre droit à faire payer par l'agresseur à nos blessés, aux veuves, aux orphelins de nos 1.500.000 tués, les pensions et allocations qui leur sont dues. Le Traité de Versailles si riche en promesses, si vide de réalités, nous a reconnu le droit de faire reconstruire aux frais du vaincu, dans nos dix départements dévastés, nos usines, nos maisons, nos édifices publics. C'est aussi l'Empire allemand qui doit assurer la remise en culture des terres, des bois qui ont été pendant cinq ans systématiquement ravagés. Mais, pour faire aboutir à un résultat concret toutes ces promesses, il faut l'accord constant et immuable de tous les Alliés de la grande guerre, de même que pour le développement économique du pays, il faut des matières premières à bon marché et des débouchés largement ouverts à nos produits finis. A ces conditions seulement, la vie reprendra dans le pays blessé, et le ministre des finances percevra. »

---

## M. GASTON JEZE

*Professeur de Science financière*
*à la Faculté de Droit de Paris*

Autrement vigoureux et lucide, M. Gaston Jèze, professeur à la Faculté de Droit de Paris, analyse la situation financière dans la *Revue Mondiale* de décembre.

« C'est un fait connu de tous que la France passe par une phase très difficile : ses finances publiques sont en mauvais état. *Depuis la déclaration de guerre*, la gestion financière n'a pas été bonne. Les circonstances, d'ailleurs, ont été, pour une large part, la cause de la situation délicate dans laquelle nous nous trouvons aujourd'hui. La gestion financière, *depuis l'armistice*, a été encore pire ; et il n'y avait plus les mêmes excuses.

« Aussi, comme le constate le ministre des finances, M. Doumer, dans l'exposé des motifs du projet de budget pour 1922, « la situation financière de l'Etat a continué *à aller en empirant...* dans les deux dernières années ».

Etudiant le budget des dépenses, il écrit :

« Nul ne sait ce qu'ont coûté la guerre et l'après-guerre. Pour si étonnant que cela paraisse, c'est la pure vérité. L'exposé des motifs précité le constate : « les dépenses supportées par l'Etat du fait de la guerre, soit au cours des hostilités, soit dans la période qui a suivi, peuvent difficilement se chiffrer. Aucune évaluation directe ne permet d'obtenir un résultat rigoureusement exact. »

L'administration donne comme évaluation très approximative, pour la période du 1er août 1914 au 30 juin 1921, 280 milliards *de dépenses*. Ce chiffre est certainement inexact. En comptabilité, il ne faut pas employer, sans préciser, le mot *dépenses*. Que signifie exactement cette expression : *dépenses ?* S'agit-il des *paiements* effectués par le Trésor, ou bien des *engagements* de dettes contractées par l'Etat, ou bien des *crédits* votés par les Chambres ?

L'administration ne le dit pas. Cela est pourtant capital à connaître : *seul le montant des engagements* de dettes de l'Etat importe. Or, bien que l'administration ne précise pas ce que sont ces 280 milliards de dépenses, la comparaison avec des documents antérieurs permet de dire qu'ils visent seulement les *crédits* votés par le Parlement. Que le ministre en soit réduit à cette approximation, c'est inimaginable... »

M. Jèze ajoute : « Telle est la situation ; dépenses énormes, recettes insuffisantes, dette publique fantastique dont la charge des intérêts absorbe beaucoup plus que la moitié de l'ensemble des dépenses publiques (à l'exclusion des dépenses pour la reconstruction des régions libérées).

« Cette situation est effroyable. D'autres pays sont en présence de difficultés plus grandes encore : sauf les Etats-Unis, l'Angleterre et le Japon, tous les autres pays belligérants ont des finances publiques encore pires. Ce n'est pas une consolation. »

Passant aux remèdes, il écrit :

« D'abord et comme condition *sine qua non*, le remède à appliquer est le rétablissement de l'ordre financier. Il y a là une question de comptabilité. Il faut en finir avec les tours de prestidigitation avec lesquels on a trompé le Parlement et le pays. Il faut que les méthodes budgétaires soient modifiées de façon que les pouvoirs publics et l'opinion publique connaissent facilement et complètement la situation financière. Assez de déclarations optimistes, appuyées sur des documents inexacts et incomplets.

« Sur ce premier point, le ministre des finances, M. Doumer, proposait, dans son projet du budget, des réformes excellentes, en particulier, le ministre demandait la suppression du budget extraordinaire et des comptes spéciaux, de manière à obtenir la sincérité et la clarté et à faire cesser le gaspillage des deniers publics. Ainsi, on ne pourrait plus faire passer les dépenses contestables du budget ordinaire dans le budget extraordinaire, ou dans les comptes spéciaux.

« C'est, à l'heure actuelle, un véritable scandale, auquel il faut mettre fin. Malheureusement, le ministre vient de renoncer à cette réforme qu'il déclarait indispensable : la commission des finances a rétabli le budget extraordinaire avec l'appui du ministre.

« Il faudrait aussi ne plus recourir, pour équilibrer le budget *sur le papier*, au gonflement des évaluations de recettes. Dans son projet pour 1922, le ministre condamnait sévèrement cette pratique détestable : « Le gouvernement, écrivait-il, pourrait être tenté, comme on le proposait de divers côtés, de ne demander aucun supplément de ressources à l'impôt et d'assurer l'équilibre théorique *en escomptant des plus-values à attendre de l'amélioration des mesures de perception des impôts existants ou du renforcement des mesures de contrôle*. Un chiffre évaluant l'espérance de plus-value, et tout était dit. Cette *solution* trop facile a été écartée... Dans les conditions économiques actuelles, qui comportent tant d'aléas, *c'est sur des réalités ou au moins des probabilités et non sur des espérances que doivent être fondées les prévisions*. Les plus-values éventuelles de recettes sont, d'une manière générale, la couverture des augmentations imprévues de dépenses qui se produisent en cours d'exercice, celles qui devront être obtenues d'un perfectionnement des modes d'assiette et de recouvrement de nos impôts sont la sauvegarde et la réserve de nos budgets de demain privés des ressources exceptionnelles qui facilitent la tâche d'aujourd'hui. » Pourquoi faut-il qu'après ce réquisitoire, le ministre ait consenti à équilibrer son budget par un gonflement des évaluations de recettes de 800 millions ? *Video meliora proboque ; deteriora sequor.*

« Il faudrait aussi *appliquer* les règles concernant les engagements de dépenses sans crédits, ou au delà des crédits. Sans doute, le Parlement a voté, au début de 1921, des textes très sévères ; mais ils ne sont pas appliqués. C'est ainsi que l'ambassade du Vatican a été rétablie et fonctionne *sans crédits* réguliers. Quelque opinion que l'on ait sur la question politique, ce fait démontre le peu de cas fait par le gouvernement des règles les plus récentes sur la comptabilité des engagements de dépenses. »

---

## M. EDMOND THERY

Plus près de nous, au moment de la crise ministérielle, voici comment M. Edmond Théry, l'éminent directeur de l'*Economiste Européen* pose la question dans le *Figaro* du 18 janvier :

« Au lendemain de la victoire, le ministre des finances continua à être, comme au cours de la guerre, le « *pourvoyeur* » de ses collègues. On lui passa, sans beaucoup d'explications, les « *notes à payer* », et il fut prié d'en assurer le règlement vaille que vaille, par les expédients jugés opportuns. Tout l'exercice 1919 s'écoula sous ce régime : il est sans doute commode, aujourd'hui, d'en faire une âpre critique, mais l'équité force à reconnaître qu'à cette époque nous étions contraints de solder, coûte que coûte, une foule de dépenses engagées en pleine bataille et qu'il fallait procéder aussi rapidement que possible à la démobilisation économique de la nation, cruellement meurtrie.

« Cette première phase de transition fut suivie d'une série d'efforts méritoires vers la restauration budgétaire. Le ministre des finances cessa de se confiner dans les fonctions de « *manutenteur de deniers* » pour s'appliquer à découvrir, en tous les coins du territoire et dans toutes les poches des contribuables, des *ressources*. La loi du 25 juin 1920 marqua le couronnement de l'œuvre de fiscalité. Elle aida incontestablement à limiter le déficit, mais ne réussit point à le combler entièrement, même en faisant abstraction des charges destinées, en vertu du traité de paix, à retomber définitivement sur le vaincu.

« Un autre devoir apparut alors à notre grand argentier : celui d'obtenir des économies de l'ensemble de l'administration. M. Doumer — aidé par le Parlement — s'y est employé assidûment et il est arrivé, pour 1922, à réduire de plus de 3 milliards de francs (sur un total général de 15 milliards en 1921), les crédits ouverts aux services autres que celui de la dette.

« Ce résultat tangible n'a pourtant pas encore remis notre budget normal en équilibre réel, puisqu'il sera fait appel, cette année, à 4.870 millions de recettes exceptionnelles sur lesquelles il ne faut plus tabler à l'avenir (contribution sur les bénéfices de guerre, liquidation de stocks, et, pour remplacer une somme égale de rentes versées en paiement de la contribution sur les bénéfices de guerre, émission de bons à court terme).

« L'assainissement financier du pays requiert essentiellement : 1° l'égalisation, dont il a été parlé ci-dessus, des recettes permanentes et des dépenses du budget normal ; 2° la mise en pratique, pour le règlement des dommages de guerre, d'accords dispensant notre pays du fardeau des avances qu'il n'a pas cessé d'effectuer pour le compte allemand ; 3° la consolidation de la dette flottante et la préparation d'opérations plus lointaines de conversion et, ensuite, d'amortissement de nos rentes perpétuelles. »

Mais pendant ce temps, que pensent nos amis, les financiers américains, et que veulent-ils faire pour nous ?

M. Marcel Ray nous l'indique dans le *Petit Journal* du 19 janvier :

## M. MARCEL RAY

« J'ai aujourd'hui sous les yeux un « Mémoire pour la Conférence économique de Gênes », publié par la *Chase National Bank*, l'une des cinq plus grandes banques de New-York, et signé de M. Benjamin Anderson, conseiller économique de cet établissement financier. Ce travail consciencieux et touffu, qui contient du bon et du mauvais, et quelques vues ingénieuses noyées dans un fatras de théories et de statistiques, n'est pas un document officiel. Mais les idées de la *Chase National Bank* me paraissent conformes à l'opinion moyenne des financiers de Wall street, telle que je l'ai vingt fois entendue sur place au cours d'un récent voyage. C'est parce qu'elles sont des idées courantes et typiques qu'elles méritent de retenir notre attention.

« La *Chase National Bank* propose à la Conférence de Gênes tout un programme pour la reconstruction de l'Europe impliquant la coopération des Etats-Unis à des conditions nettement définies. Voici quelles sont ces conditions :

« 1° Tous les Etats européens sans exception devront augmenter considérablement leurs impôts, de manière que les taxes perçues puissent suffire non seulement à balancer leurs budgets, mais encore à amortir chaque année une fraction importante de leur dette publique ;

« 2° Les gouvernements européens devront procéder à la réforme immédiate de leur système monétaire. Ceux qui ont, comme le gouvernement britannique, un change peu déprécié devront revenir à l'étalon d'or et remettre en circulation la monnaie métallique. Les pays à change bas devront renoncer à l'espoir lointain d'un retour au pair d'avant-guerre et stabiliser leur monnaie-papier au cours actuel de l'or ;

« 3° Les gouvernements européens devront renoncer au protectionnisme et abaisser leurs tarifs douaniers, le mémoire ne dit pas si l'Amérique en fera autant ;

*4° L'Etat des paiements imposé à l'Allemagne par le Conseil suprême devra être abrogé et remplacé par un « accord écono-*

*mique rationnel » sur les réparations. L'Allemagne devra payer tout ce qu'elle peut vraiment payer, mais les Alliés n'ont pas intérêt à la démoraliser davantage.*

*« Les trois Etats tuteurs — Etats-Unis, Angleterre et Japon — renonceraient à leurs créances envers les Etats en tutelle, et leur ouvriraient les crédits nécessaires à leur reconstitution économique et financière ; mais ils s'attribueraient le droit d'exercer leur contrôle sur les dépenses de tous les Etats européens qui bénificieraient de l'annulation des dettes et des crédits accordés. »*

---

## M. GASTON DOUMERGUE

Le même jour enfin, voici ce qu'écrit M. Gaston Doumergue, dans l'*Ere Nouvelle* :

« A l'heure actuelle, on n'ôtera pas de l'esprit de tout Français qui réfléchit et qui raisonne que notre pays court à une catastrophe financière dont les conséquences politiques et sociales seraient à tous les points de vue désastreuses si le seul moyen qu'il ait de l'éviter vient à lui manquer. Tout le monde est convaincu, en France, de la nécessité impérieuse d'obtenir que l'Allemagne paie ce qu'elle doit. Tout le monde sait que le contribuable, même en se saignant aux quatre veines, est hors d'état de fournir les milliards encore nécessaires pour restaurer les régions dévastées. Tout le monde reconnaît qu'il est d'élémentaire justice que celui qui a fait le mal le répare. Personne ne propose de tenir l'Allemagne quitte de sa dette. Il faudrait, en effet, proposer en même temps, d'une façon ferme, de faire payer par tous les Français, riches ou pauvres, à l'aide d'impôts directs et indirects écrasants, entraînant un énorme accroissement du prix de la vie, le montant des pensions militaires et celui des réparations.

« Qui donc prendrait l'initiative et la responsabilité d'une proposition semblable ? Elle soulèverait les protestations et la colère générales du pays. Il n'est, au reste, pas à craindre qu'elle se produise. Encore faut-il toutefois que par faiblesse, par erreur, par défaut de clairvoyance ou de jugement nous n'arrivions pas à nous engager dans des voies qui nous acculeraient à l'essai de solution que personne n'oserait aujourd'hui proposer, car chacun sait qu'il serait mortel. »

---

## M. ADRIEN ARTAUD

L'opinion de M. Artaud, député, président honoraire de la Chambre de Commerce de Marseille :

Cette opinion est développée au cours d'un copieux volume *Finances et bon sens* ; elle se trouve résumée à peu près ainsi vers la fin et dans le chapitre des conclusions : « On en sortira si nous percevons dix milliards d'impôts nouveaux ; mais qui devra payer ces dix milliards ? Les agriculteurs. Où voulez-vous que nous les prenions, s'écrient-ils ?

— Parbleu ! on les prendra dans les poches du consommateur qui, en définitive paie tous les impôts. Le commerce y pêche bien les siens ! »

Et voilà, ce n'est pas plus difficile que cela. On a bien tort de se faire des montagnes infranchissables avec le manque d'argent. De là à forger un apologue final, il n'y a qu'un pas ; la philosophie de M. Artaud et sa politique fiscale s'y trouvent concentrées. Mais lisez :

« Un beau brick, richement chargé, était aux Açores, en route pour Marseille. Après avoir allègrement navigué jusque-là, il s'alourdissait, et sa ligne de flottaison baissait.

« L'équipage vint trouver le capitaine et lui dit :

— « Capitaine, nous coulons, le navire fait eau.

« Le capitaine, un vieux loup de mer, qui en avait bien vu d'autres, répond :

— « Mes enfants, il faut mettre les pompes en batterie et écouler l'eau de la cale. »

Ainsi fut fait. Le navire se releva et traversa le détroit de Gibraltar, mais bientôt la voie d'eau reprit et l'équipage revint demander au capitaine le remède à ce mal.

— « Mes enfants, il faut pomper, dit le capitaine.

— « Mais, capitaine, l'effort déjà fait nous a harassés, nous n'avons plus de force.

— « Eh bien, mes enfants, ne pompez plus ; nous coulerons, ce n'est qu'un mauvais moment à passer.

— « Mais, capitaine, nous avons femme et enfants, nous tenons à arriver au port.

— « Alors, pompez !

« L'équipage pompa tant qu'il put.

« Quand il était à bout de forces, il s'arrêtait et déclarait qu'il ne pouvait continuer, ce que le capitaine accueillait toujours avec le même sourire, déclarant qu'il était désolé, en ce qui le concernait, de contrister son équipage, et qu'il acceptait volontiers pour sa part un sinistre qui libérerait ses collaborateurs.

« Cette conséquence finale de l'inaction ne plaisait pas à l'équipage qui se remettait à pomper.

— « Ne pompez plus.

— « Nous ne voulons pas couler.

« Ce dialogue amena le brick au port.

« Je ne peux pas tenir un autre langage à mes indolents amis agricoles, ouvriers et sinécuristes.

« Si vous ne voulez pas pomper, nous coulerons ; si vous ne voulez pas couler, pompez ! pompons ! !

Il ne devrait pas être permis à un homme sérieux d'écrire de telles fadaises sur un sujet aussi grave. Ces « pompons » sont vraiment d'un pompier. D'autant plus qu'on pourrait fabriquer aisément à la parabole quelques pendants. Voyez plutôt :

Il n'y avait pas qu'un brick, M. Artaud ; il y en avait plusieurs ; ils revenaient de la guerre et si le vôtre était mis à mal près des côtes, les autres étaient mis à mal en plein océan ou en pleine mer. Sur chacun d'eux les capitaines gardaient le sourire, parce que cela fait bien, qu'il est dans les habitudes et relève de l'optimisme, la plus officielle des qualités.

Partout on répétait : Si vous ne voulez pas pomper, nous coulerons ; si vous ne voulez pas couler, pompez ! pompons ! ».

Si votre brick arriva au port, de ceux dont je vous conte l'histoire, les loups de mer y arrivèrent aussi ; seulement on ne put jamais les renflouer et leurs équipages, à leur grand désespoir, furent condamnés à vivre sur le plancher des vaches ; pour eux, cela équivalait au pire des désastres, à une affreuse révolution. Il y eut pis encore : d'autres bricks, et des plus importants, en dépit de tous les efforts, sombrèrent avant que personne n'eût crié : « Terre ! Terre ! » comme ceux de Cristophe Colomb.

Et les équipages en désespoir, comme en pleine mais inutile révolte, disaient :

« C'est le sourire du capitaine qui nous a fichu dedans !... Le temps que nous avons passé, hélas ! à pomper comme des bêtes, nous eussions pu l'employer à faire des radeaux, des embarcations. Comme ça, nous n'aurions pas à plonger sous les mers ;

nous eussions peut-être abordé au rivage d'une île inconnue. On se serait arrangé..., tandis qu'à présent, fourbus, courbatus, ahanant, il n'y a qu'à se laisser étouffer dans l'étreinte d'une mort, peut-être secourable, mais que nous, nous ne secouerons pas !...

« Pompons, pompons ! »

Non pas ! nous sommes trop loin du rivage ! Allons, du courage, de l'initiative, qu'on fasse des radeaux — dussent-ils être de la Méduse. — A la mer les embarcations !

---

## M. PAUL INGOULT

Un des meilleurs crayons que, de la situation financière, on ait jamais tracé, nous l'avons lu dans *La Connaissance* de décembre-janvier 1922, sous la signature de M. Paul Ingoult et sous le titre : *La Misère financière.* Nous voudrions le publier tout entier. Mais bornons-nous à en donner ces aperçus :

« Bien que l'on dise souvent que l'argent est le nerf de la guerre, il est très rare que des difficultés financières contraignent une nation à mettre bas les armes. On fait appel à toutes les ressources du pays, on en use sans ménagement ; on recourt même aux pires expédients. Mais une fois la paix signée, les problèmes financiers, systématiquement négligés jusqu'alors, passent brusquement au premier plan, entraînant avec eux tout un ordre nouveau de préoccupations.

« En 1914, la situation économique de la France était excellente. N'était-elle pas, suivant la formule classique créancière partout et débitrice nulle part ? Il n'est pas exagéré de dire que la situation actuelle est l'opposé de celle d'avant la guerre. Plus de treize cent mille morts, de nombreux départements dévastés, six années de travail improductif, plus de 200 milliards de dépenses de guerre. Une dette intérieure de 230 milliards, une dette extérieure de 30 milliards de francs-or, la plupart de nos créances sur l'étranger réalisées pendant la guerre ou bien irrecouvrables, telle est, trop rapidement dépeinte, la situation financière actuelle.

« Pour pouvoir y faire face, encore faut-il la voir dans son ensemble et ce n'est point chose très facile. Un certain effort est nécessaire et nombreux sont ceux qui ne sont pas disposés à le faire, par insouciance ou par peur de vérités désagréables. Mais surtout le problème est si complexe, il pose des questions si nombreuses, si diverses, que la plupart de ceux qui l'abordent renoncent vite à s'en faire une idée nette et se bornent à en considérer une face. Mauvaise méthode. Avant d'examiner séparément les aspects divers du problème, mieux vaut en faire rapidement le tour et le considérer sous différents angles. Ainsi demeure constamment présente à l'esprit, malgré la succession des aspects, l'idée de l'*unité* du problème : la reconstitution économique de la France, lequel n'est lui-même qu'une face de l'organisation de la paix dans le monde...

« ...Le projet de budget du ministère de la Guerre pour 1922 comporte l'entretien de 37.492 officiers et de 769.628 hommes, *donc une armée beaucoup plus importante qu'en* 1914 ! On reste stupéfait devant un pareil gaspillage d'argent, devant un pareil gaspillage de main-d'œuvre. Entretenir une semblable armée est au-dessus des forces du pays ; de plus, c'est prêter le flanc à toutes les accusations de militarisme et s'attirer une réponse facile de la part de certains Alliés quand nous leur exposons nos difficultés financières...

« ...S'il n'est pas possible de créer des taxes nouvelles, on peut augmenter les ressources en améliorant le rendement des impôts existants et en étendant le plus possible le nombre des contribuables. C'est presque un truisme de dire que l'immunité fiscale à peu près complète dont jouit actuellement l'agriculteur est un scandale. La situation financière exige que toutes les ressources du pays, sans exception aucune, soient taxées ; elle exige que toutes les catégories de la population soient frappées proportionnellement à leurs facultés. N'oublions pas que la justice fiscale n'est pas une vaine considération théorique. Elle est la meilleure garantie de l'ordre social et la condition indispensable à la rentrée régulière de l'impôt...

« ...*L'équilibre du budget de* 1922 *n'est pas réalisé.* Pour l'obtenir sur le papier, *pour camoufler la situation réelle*, on a évalué certaines recettes à des chiffres beaucoup trop élevés. D'autre part on peut relever dans les dépenses de nombreuses insuffisances de prévisions. Le produit des impôts ne sera donc pas suffisant pour couvrir la totalité des dépenses. Tout fait prévoir que cette année, pour faire face aux besoins, il faudra emprunter à un taux de plus en plus élevé. C'est la course à l'abîme ! Et tout le monde ferme les yeux sur la conséquence inévitable d'une pareille politique !...

« ...Les représentants de l'industrie française ne cherchent qu'à maintenir la prospérité factice qui leur a valu tant de millions facilement gagnés pendant la guerre. Cette industrie de temps de guerre, industrie de serre que seules des conditions exceptionnelles justifiaient, on a voulu la maintenir coûte que coûte après l'armistice. On s'est efforcé d'empêcher le retour aux conditions normales. On relève les droits sur le blé, sur le sucre ; on établit de nouveaux droits de douane et à l'abri d'une formidable barrière douanière qui enserre et étouffe le pays, la prospérité factice se maintient...

« ...L'étroitesse de vue des puissances de l'argent est donc le principal obstacle à la reprise des relations commerciales normales sans lesquelles toute prospérité, toute paix véritable sont impossibles. *La situation financière d'un pays n'est qu'un aspect de sa situation économique* et celle-ci est en France gravement compromise par des mesures prises pour satisfaire les intérêts privés ; mesures sur lesquelles l'attention de l'opinion publique n'est nullement attirée. Le régime du silence continue. On dénature les faits ; on ne présente au pays qu'une partie de la situation... *La seule politique adoptée est celle de la dissimulation.* »

## M. EDOUARD HERRIOT

Et nous terminons enfin par ce cri d'alarme arraché à la poitrine d'Edouard Herriot, au meeting du 26 janvier de la *Ligue de la République* :

« On a bouclé le budget de 1922, dit-il, vous savez comment ; 1923 est bien plus effroyable encore ; des ressources que nous avons eues cette année nous manqueront, et le déficit des années passées s'ajoutera au déficit inévitable. Que ferons-nous ? Des économies ? Dérision, pour combler un pareil gouffre. Les impôts ? Les meilleurs ne pourront rendre autant qu'il faudrait, ni le rendre tout de suite. Alors ? Voter des ordres du jour optimistes ? Non. Il faut que ceux qui possèdent se sacrifient. Nous l'avons dit. Le moment viendra où il faudra qu'on nous écoute. »

A la mer les embarcations !

---

# CONCLUSIONS

Tout Français qui a lu les pages que nous venons de publier, lettres, interviews ou citations d'hommes choisis parmi les plus compétents et les plus distingués de l'heure présente, se doit de fermer les yeux un moment et de se livrer à une courte méditation.

Leurs jugements divers, leurs propositions discordantes et l'opposition apparente qui existe entre leurs opinions, ne sont que des formes bien proches d'un embarras commun où la science et l'invention humaines mêlent leur impuissance.

Mais puisque la situation financière de la France est si difficile et si périlleuse que du simple point de vue technique les écrivains spécialisés avouent jusqu'à l'impossibilité de la définir et de la fixer par des chiffres, il nous faut, avant de formuler quelque conclusion que ce soit, rendre hommage à ceux qui, dès les premiers jours de la guerre, ont signalé le danger intérieur et l'avenir épouvantable qu'une mauvaise politique fiscale, qu'une imprudente et prodigue politique du crédit préparaient à la France, même victorieuse. M. Gaston Jèze, l'éminent professeur de Finances à la Faculté de Droit de Paris, annonçait le péril dès 1914 dans sa *Revue de Science et de Législation Financière*. L'abus du recours au crédit, il en montrait le danger à tous les Ministres des Finances qui se sont succédé depuis l'ouverture des hostilités, et il faisait avouer à l'un « qu'il jouait la carte de la victoire ». Où en serions-nous si nous n'avions pu triompher de l'Allemagne ? M. Fernand Faure, en août 1916, déplorait les mêmes errements dans la *Revue Politique et Parlementaire*. (*Deux ans de guerre sans relèvements d'impôts*). Dans le même temps, M. Arthur Girault, professeur d'Economie Politique à l'Université de Poitiers publiait sur le même sujet, et dans le même esprit, dans le *Supplément économique et financier* de l'INFORMATION une série d'articles qu'il réunissait ensuite dans un ouvrage remarquable : *La Politique fiscale de la France après la guerre*, lequel débute ainsi :

« Où sera-t-il possible de trouver, après la guerre, les ressources annuelles nécessaires pour mettre en équilibre le budget de la France ? Cette question, à laquelle il semble qu'on ne veuille pas songer dans notre pays tant que durera la guerre, se posera, une fois la paix conclue, d'une manière angoissante. Aujourd'hui, il s'agit, pour la France, d'être ou de ne pas être ; on dépense sans compter pour sauver la patrie. Notre pays est dans la situation d'un particulier qui a renoncé à vivre sur ses revenus et qui gaspille toutes les sommes qu'il peut se procurer par l'emprunt en hypothéquant son capital. Mais demain il faudra que cela cesse. La France devra recommencer à payer ses dettes annuelles avec ses ressources annuelles. Cela lui sera-t-il possible ? »

Les avertissements sages n'ont pas manqué aux mauvais administrateurs. Ils en ont haussé les épaules en répétant : « l'Allemagne paiera ».

Trois ans après la guerre, l'Allemagne n'a encore rien payé, et la France s'apprête à se tirer d'affaire toute seule.

Notez bien qu'une politique fiscale hardie, qu'une politique d'emprunt circonspecte, qu'un contrôle sévère des dépenses et de la comptabilité n'eussent pas épargné à la France tous ses embarras financiers. Ils en auraient toutefois diminué l'importance — et le ridicule. Car il faut avouer qu'il y a dans la situation financière de la France un côté ridicule, comique, grotesque. Il provient de *l'ignorance* absolue où l'on est du chiffre exact des dépenses de guerre, des dettes intérieures ou extérieures, et notamment, A PLUSIEURS MILLIARDS PRÈS, du chiffre de la dette flottante ! Si l'on avait écouté les véritables techniciens des finances (ce ne sont ni les banquiers, ni les représentants du peuple, mais les admirables professeurs de nos Facultés de Droit) ces chiffres seraient connus — et moins gros.

Mais le temps des récriminations est passé. Nous n'avons esquissé celles-ci que pour signaler quelques-uns des sages prophètes dont on a couvert les voix sous un tolle imbécile. A présent, prenons la situation comme elle est, avec sa part d'inconnu, d'indéfinissable, d'inconnaissable, et étudions les réponses que nos correspondants ont fournies au questionnaire du parfait technicien qu'est M. Vincent Auriol, élève lui-même du vénéré M. Gaston Jèze.

## I

# De l'équilibre budgétaire

**Le budget ordinaire.** — La plupart de nos correspondants déclarent que l'équilibre du budget de 1922 est purement factice, et que le déficit, loin d'être approchant de 2 milliards, comme on voudrait nous le faire croire, dépassera de beaucoup les 5 milliards prévus par M. Vincent Auriol.

En saurait-il être autrement ? Non. La préparation du budget est un trompe-l'œil. Il n'y a pas de préparation du budget. Le ministre des finances ignore ce que préparent ses collègues. Chaque ministre ignore ce qui se prépare chez lui. Et dans chaque ministère, la plupart des Directeurs ignorent les intentions de leurs commis, maîtres réels de la situation. La complicité du rapporteur général du budget, ses coups de crayon bleu, ses discours et son optimisme achèvent l'édification d'un budget absolument inexistant et dont, d'ailleurs, on est bien décidé à ne tenir aucun compte. *La France n'a plus de budget* et le vote hâtif, dont le Parlement tire tant de vanité, du prétendu budget de 1922 est un acte de cynisme plus que d'hypocrisie.

A ce désordre, les remèdes sont simples, et ressortissent au domaine politique. Un Parlement qui connaîtrait ses responsabilités et ses droits ne se laisserait pas *imposer* les lois de finances qu'on vote aujourd'hui. Il ne renoncerait pas à son droit de contrôle et il augmenterait, constitutionnellement, les pouvoirs du ministre des finances sur la préparation et le contrôle du budget de ses collègues. Au-dessous de ce ministre, le ministère même serait divisé en 3 sous-secrétariats : la Trésorerie, les Contributions, les Finances proprement dites et annexes.

La question du budget ordinaire nous conduit forcément à traiter de la question des économies et de la fiscalité.

Nous reconnaissons avec M. Adrien Dariac, président de la Commission des Finances de la Chambre, qu'il faut, de toute nécessité, réaliser en trois ans, son plan de réduction du nombre des fonctionnaires. Mais l'économie qui en résultera sera peu sensible. Les grands chapitres du budget ordinaire sont avant tout le service de la dette (13 milliards), l'armée et la marine (7 milliards). Les seules économies véritables, il faut les faire sur ces chapitres. Les autres sont des économies de bouts de chandelles. Les autres sont des économies dangereuses, car elles portent sur l'outillage économique du pays, sur l'enseignement, etc... Un principe serait même à adopter : que toute économie réalisée sur les chapitres de la dette ou de la défense nationale se traduise, pour les 3/4 par une suppression de dépense, pour 1/4 par une augmentation des dépenses de travaux d'utilité publique.

Quant au problème de la fiscalité, nous reconnaissons avec M. Pierre Evain qu'il est difficile d'en juger complètement avant que les nouveaux impôts n'aient fonctionné quelques années. Aussi, que dire du doublement d'un impôt aussi maladroit et hasardeux que l'impôt sur le chiffre d'affaires ? Le « code » de la fiscalité est à refondre. Dès 1923 l'impôt sur les bénéfices de guerre va manquer et nous sauterons dans l'inconnu. On nous a fait remarquer que le vote des nouveaux impôts n'avait pas été précédé des longues enquêtes nécessaires. C'est bien vrai, car les nouveaux impôts feront faillite avant de s'asseoir.

En tout cas, la rente ne paie pas d'impôt. Et ce sont des juristes qui le constatent et le déplorent.

En tout cas, les titres au porteur, pour 100 milliards au moins en capital, échappent au paiement de l'impôt sur le revenu et de l'impôt sur les successions.

**Budget extraordinaire et comptes spéciaux.** — Tout cela devait disparaître, tout cela subsiste. M. Francis Delaisi en a fait la démonstration la plus nette. Le rapport sur le budget de 1922 est, selon lui, un simple semblant d'ébauche, une caricature de budget.

Il a décrit, d'une manière trop amusante pour qu'on n'y revienne pas, ces 33 « Comptes Spéciaux », qui ont chacun leur équilibre, ou leur déséquilibre particulier, et qui concernent les avances aux gouvernements étrangers, aux industries de guerre, aux coopératives, les achats de blé, farine, pétrole, les chemins de fer, les bateaux, etc..., comptes que le rapporteur général dénonçait naguère lui-même comme « cachettes multiples, boîtes à surprise où des fonctionnaires, sans y prendre garde et sans qu'on puisse s'en douter avant que le mal soit irréparable, créent et recréent le déficit budgétaire ».

On peut bien espérer « tirer » de ces comptes spéciaux, en 1922, un déficit de 4 milliards 1/2 !

**Dépenses recouvrables.** — M. Francis Delaisi, qui évalue le déficit véritable du budget à 17 milliards pour 1922 a fait également, dans sa réponse, le procès définitif des méthodes comptables employées pour « définir » le budget des dépenses recouvrables.

Là, gît un gros problème, double, le problème de l'avance proprement dite, dont nous traiterons en parlant de la dette flottante, et le problème des réparations, problème politique au sujet duquel nous avons reçu les réponses remarquables qu'on a lues.

Ce n'est pas ici, en quelques mots, dans cette conclusion que nous voulons brève et sèche, qu'on peut arrêter la formule qui obligera les Alliés à obliger l'Allemagne à acquitter son dû. Nous avons vu la proposition de M. Georges Noblemaire qui voudrait engager les industriels allemands à mettre à la disposition d'un grand organisme de crédit industriel les devises qu'ils ont placées à l'étranger. Nous avons vu la proposition de M. Taittinger qui voudrait que la France reçut environ 30 % d'actions privilégiées de la grosse industrie allemande. Les deux projets ne pourraient-ils être conjugués ?

En tout cas, avec tous les hommes politiques, tous les savants, tous les publicistes, tous les commerçants et tous les industriels que nous avons consultés, nous affirmons les trois points suivants :

*a*) La France est hors d'état de continuer à faire à l'Allemagne les avances nécessaires à la réparation des dommages causés aux biens et aux personnes.

*b*) L'Allemagne, économiquement intacte, peut faire honneur à sa signature. Sa déconfiture financière est un camouflage.

*c*) Il y a urgence à résoudre internationalement, une fois pour toutes, le problème des réparations.

## II

## De la dette flottante

La question de la dette flottante, intimement liée à celle de la Trésorerie, se pose maintenant et s'enchaîne tout naturellement avec celle des réparations. Car il est évident que la surcharge que l'Etat a assumée en matière d'emprunts longs ou courts, depuis l'armistice, lui a été surtout imposée par les nécessités de sa trésorerie, et que celle-ci n'est autant avide que parce que l'Allemagne ne lui apporte pas un sou.

Avant toute chose, nous voulons dénoncer comme le pire, le danger de l'inflation. Nous avons rencontré, à notre avis, au cours de notre enquête, trop de députés ouvertement ou prudemment favorables au principe de l'inflation pour ne pas sentir que les milieux parlementaires sont fortement travaillés par les agents de cette doctrine et que l'homme de la planche aux assignats peut arriver au pouvoir un jour, dont l'œuvre achèvera et la France et la République.

C'est un fait extrêmement curieux que notre enquête, à une exception près, ne nous ait pas mis en présence d'industriels, de commerçants ou d'économistes inflationnistes, et que ce soit dans les seuls couloirs de la Chambre qu'on en rencontre. Crions casse-cou ! Signalons comme plus dangereux, encore, que l'inflation pure et simple, ces projets de reconstitution économique de la France qui prennent pour base la fabrication d'un papier-monnaie semblable à des confetti.

La dette flottante, avec ses 70 milliards de Bons de la Défense Nationale coûtant de lourds intérêts, nuit encore moins à la production et au commerce français que les 25 milliards de billets de banque que la Banque de France a avancés sans contre-partie commerciale à l'Etat français. La circulation fiduciaire, dans une nation, doit être réglée par l'importance des échanges, non tels qu'on voudrait qu'ils fussent, mais tels qu'ils sont. Et ceux qui prétendent ranimer la France en la bourrant de billets de banque nantis par des gages qui ne sont pas essentiellement dans la circulation commerciale, sont comparables à des malades qui, faute de pouvoir se procurer les médicaments inscrits sur leurs ordonnances, mangeraient l'ordonnance elle-même.

Il y a, pour la moralité française, deux dangers épouvantables : l'inflation et la loterie. Ces deux maux vont bien de pair et nous n'ignorons pas qu'ils sont souhaités par des gens qui prétendent en pouvoir guérir de plus douloureux. Oui, il y a encore des députés et des sénateurs qui pensent nous doter un jour de l'assignat et du loto, de cette « loteria » qui, autant que les courses de taureaux, a abruti l'Espagne. On nous a parlé, il n'y a guère, d'un immense emprunt à très faible intérêt, avec lots quotidiens d'un million, qui permettrait, selon ses inventeurs, de satisfaire aux exigences de la Trésorerie française. Nul, nommément, ne nous a autorisé à le signaler. Mais contre cette mauvaise intention, et anonyme, nous croyons avoir le droit de nous élever.

On ne remplit pas une caisse vide par n'importe quels moyens. On ne la remplit pas par des moyens qui ne sauraient que paralyser l'activité nationale et favoriser la débauche sous toutes ses formes. Quand un pays en vient à la loterie, c'est qu'il est mûr pour la Révolution ou le coup d'Etat.

Nous comprenons à la rigueur les adversaires de la déflation, lesquels ne veulent pas qu'on précipite, par des moyens arbitraires ou factices, la revalorisation du franc. Mais inventer des procédés, également arbitraires ou factices pour le faire baisser sur le marché du monde, c'est, quels que soient les prétextes qu'on invoque, un travail criminel et puéril. Puérile aussi, nous le reconnaissons, la méthode suivie par M. Paul Doumer quand il remboursait quelques millions à la Banque de France pour émettre dans le public dix fois plus de Bons de la Défense Nationale et de Bons du Trésor...

Mais entre ces méthodes folles, il y en a de saines. D'abord, les paiements de l'Allemagne, que nous avons reconnus indispensables, doivent nous permettre de soulager bientôt notre Trésorerie. Puis, la dette flottante doit être consolidée, dans la proportion de 85 % qui représente, à peu de chose près, la part d'épargne durable investie dans cette sorte de placement.

Un autre procédé consisterait à effectuer le prélèvement sur le capital selon la méthode que nous verrons plus bas ; les Bons de la Défense Nationale seraient alors amortis pour consolider la part du capital non touchée. Toutes les questions financières sont connexes, remarquons-le, et si nous les traitons par tranches, c'est pour la commodité de l'exposition, chaque problème trouvant une partie de sa solution dans le problème voisin.

## III

## De la dette consolidée.

M. Georges Valois nous a prouvé, sans qu'il soit possible de lui répondre, que le marasme de l'industrie et du commerce français venait essentiellement des sommes énormes qu'il nous faut, chaque jour, presque à chaque instant, payer directement ou indirectement à l'Etat. Mais la plus grosse partie de ces sommes ne va pas seulement, comme il nous l'a dit, aux pensionnés, retraités, fonctionnaires, etc... Les rentiers l'absorbent. Et pour soulager le pays, il faut délibérément adopter une politique de la rente.

Entre le modeste impôt, dont nous avons déjà parlé plus haut et la banqueroute, il y a de la marge et beaucoup de projets peuvent se glisser. Avec une amélioration générale de la situation économique, on pourrait penser à quelques conversions successives. Avec le temps, un amortissement par voie de rachat en Bourse devient possible... Mais il faut agir vite et les affaires ne vont pas. Le capital est malheureux. Il ne vaut plus ce qu'il valait en 1914... Il ne vaut plus ce qu'il valait en 1914 !... Alors, pourquoi ne pas le constater, l'enregistrer par une opération quelconque, semblable à celle qu'on nomme impôt ou prélèvement sur le capital... Eh oui, voilà le moyen, et le seul, de régler à la fois la question de la rente et de la dette flottante...

Remarquons-le, ceux qui proposent, pour procurer des fonds à l'Etat, d'établir un petit impôt de 10 % sur le capital, ne se rendent pas compte qu'en tant qu'opération de Trésorerie, ils souhaitent une chose irréalisable. Le prélèvement sur le capital, constatation d'un fait que nul ne niera, ne peut être qu'une opération en quelque sorte comptable ayant pour but de *détruire* honnêtement et justement la plus grande quantité possible de titres de rente, de Bons de la Défense Nationale, de Bons du Trésor. Cette opération, c'est, à peu de chose près, celle dont M. Ernest Tisserand nous a indiqué le mécanisme dans sa réponse. La Nation, pour la commodité générale, pour la suppression de mille rouages dispendieux, tant de recettes que de dépenses, veut annuler la presque totalité de sa dette intérieure. Elle réserve seulement le chiffre, d'ailleurs assez important, des rentes que les hospices, les fondations savantes ou charitables doivent statutairement ou légalement posséder et celui des rentes que les contrats de mariage, les tutelles, etc... empêchent de liquider. Pour le reste, on en fait bloc avec toute la Dette flottante, et chacun, selon sa fortune, en assume sa part. Qui peut l'acquitter en rente même et en Bons, est libéré. Qui en manque en achètera ; non en Bourse — il ne faut pas que la spéculation se glisse dans une telle opération — mais à une Caisse spéciale alimentée par ceux qui, d'autre part, possèdent plus de rente ou de Bons qu'ils ne doivent.

Opération difficile, longue, minutieuse ! Sans doute. Mais la situation actuelle, c'est une opération continue, elle aussi, et difficile, et minutieuse, et intermittente. Il ne serait pas plus embarrassant de procéder à ce prélèvement sur le capital entier de la France d'un montant égal à celui des rentes libres et de la Dette flottante. C'est une opération qui ne changera rien, peut-être, aux ressources de chacun, car ce qu'on gagnera en moins-values de paiement d'impôt on le perdra en arrérages. Mais l'Etat, la Nation, seront soulagés de leur plus pesant fardeau. Le travail sera libéré. La production sera débarrassée de ses liens les plus serrés, et la France connaîtra des finances enfin saines et lisibles.

## IV

## Notre véritable conclusion

Il nous reste à vous prier de relire notre premier chapitre. Car la conclusion technique que nous venons de formuler brièvement, nous la considérons comme nécessaire mais non comme suffisante.

Oui, il ne suffit pas de mettre de l'ordre dans son budget, de faire des économies et d'amortir ses emprunts pour avoir une bonne situation financière. Soyez même, avec une bonne comptabilité et un actif magnifique, soyez créancier du monde entier, vous pourrez rester encore un pauvre pays.

L'Angleterre, assez rapidement, et avec une énergie que nous n'avons pas connue, a su se libérer des charges les plus lourdes que la guerre lui avait imposées. Et cependant, sa situation financière n'est pas bonne.

L'Amérique, gorgée d'or, et jusqu'alors assez mal administrée au point de vue de ses finances publiques, a su dans ces toutes dernières années, construire un budget qui est une merveille de précision. En est-elle plus heureuse ? S'en peut-elle dire financièrement plus solide ?

Non. La situation financière d'un pays, la technique la

débrouille et l'assied. Mais c'est l'économique qui la conditionne. Elle est fonction de l'économie nationale et celle-ci est fonction de l'économie mondiale.

Quand les bateaux sillonnent les mers, chargés de marchandises, quand le commerce unit toutes les nations, quand il n'y a point de peuples entièrement occupés à élever le mur qui les séparent de leurs voisins, il peut exister côte à côte des pays plus ou moins riches et plus ou moins bien administrés. La technique et la politique y jouent librement, et font du meilleur ou du pire. Mais quand l'humanité, à la guerre des armes substitue la guerre sournoise des tarifs et des prohibitions, et la méfiance commerciale à l'hostilité brutale, il n'y a place, sur terre, que pour la misère et la famine. Et les peuples les plus riches, les mieux administrés, les mieux gouvernés, sont appelés à crever de faim sur leurs trésors et leurs échéanciers.

Relisez notre premier chapitre...

Supposons qu'il existe, dans le monde, un pays auquel la variété de son climat, la richesse de son sol et de son sous-sol, l'industrie de ses habitants jointe à des vertus surhumaines permettent de vivre absolument et uniquement, sans heurt et sans à-coup, de ses propres ressources, sans en rien donner à ses voisins et sans leur demander un grain de mil. Ce pays seul, s'il était resté neutre, n'aurait pas fait la guerre. Mais tous les autres, si indifférents qu'ils soient restés à la conflagration universelle, du moment qu'ils ont eu un navire circulant sur mer entre 1914 et 1918, ou un train de marchandises qui soit entré chez eux ou qui en soit sorti, tous les autres ont fait la guerre. Ils l'ont faite plus ou moins, mais chaque jour un peu plus. Et c'est surtout la guerre terminée qu'ils se sont aperçus de la part qu'ils y avaient prise, des ravages qu'elle avait faits dans leur vie matérielle et que le « chahut » économique commençait.

Relisez notre premier chapitre... Des hommes avaient prévu que les véritables embarras économiques commenceraient pour tous les pays avec la cessation des hostilités. Un homme, le grand Wilson avait montré comment l'aveugle et le paralytique occasionnels pouvaient s'entr'aider pour atteindre la maison du guérisseur. Mais l'aveugle a préféré de conserver sa cécité et de ne rien demander aux yeux du paralytique. Par peur de s'unir ils essaient même de construire des murs qui les défendent l'un de l'autre. L'aveugle cherche à tâtons des pierres et les entasse. Le paralytique se traîne dans la boue et du bras dont il conserve l'usage il jette, en râlant, des poignées de glaise sur le torchis qui, de temps à autre, s'abat sur lui...

Ecrivons, sans autre préparation, sans autre commentaire, le mot LIBRE-ÉCHANGE. Échange de quoi ? dira M. Georges Valois. La production est arrêtée. Que peuvent, entre eux, échanger des peuples dont les usines ferment, dont les ouvriers chôment ? Eh bien, justement, il faut que le principe des échanges devienne libre, ou tout au moins que ce principe s'affirme petit à petit, pour que la production dans chaque pays essaie *le moindre effort*, la plus minuscule tentative, d'où sortira, dans un sens tout nouveau, une pratique du commerce qui aura elle-même sur la production une influence vivifiante. Ce sera chose légère, d'abord, et menue, mais qui s'enflera bien vite et qui s'enflera d'autant plus vite que les barrières seront rapidement abattues. Certes, il n'y a pas d'échange s'il n'y a pas de production. Mais réciproquement, que veut-on produire qu'on ne puisse échanger ?

Nous avons indiqué, à larges traits, la technique financière à laquelle notre enquête nous a conduit. Mais il nous reste à le dire, si souhaitables que nous paraissent les nouvelles méthodes et les grandes réformes qu'elle suppose, nous lui préférons encore, pour l'avenir du pays, qu'on s'attache à y développer l'idée libre-échangiste. Supposons que la France conserve sa mauvaise administration financière, sa lourde dette, qu'elle ne cesse d'emprunter à la petite semaine et que ses budgets ne soient que chiffons de papier, mais qu'en revanche tombent les barrières universelles qui séparent les peuples comme des troupeaux sans pasteurs, alors, la France vivra. Elle travaillera. Elle produira. Elle échangera. Elle portera allégrement ses charges. Et il faudrait que ses administrateurs fussent de grands fripons pour que ses finances, presque automatiquement, ne reprissent pas leur équilibre.

Relisez notre premier chapitre... Notre conclusion, c'est qu'il n'y a pas de conclusion technique, au sens absolu, à tirer de notre grande consultation. C'est à la base même de l'énigme économique que se trouve la solution commune à tous les problèmes qu'a soulevés, avec une acuité nouvelle, la guerre de 1914-1918. Le problème de la Paix, lui-même et surtout, se confond avec celui du Libre-Echange en quoi les peuples vraiment pacifiques doivent mettre tous les espoirs que la guerre dite « du droit et de la civilisation » a déçus, puisqu'elle n'a pas permis le règne de ce libre-échange, sa vraie fin, et la chute des barrières qui nous enserrent mieux que des murailles de Chine, sa vraie raison pour tous les peuples — quoique raison inavouée.

M. Georges Valois insiste : « Il faut produire, pour échanger ! »

Ah ! certes, mais si l'on pouvait vendre, c'est-à-dire échanger, on produirait.

Les autres ne produiront pas parce que nous fermons nos portes à leur production. Nous ne produirons pas, parce que les autres ferment leurs portes à notre production. Les portes ? qu'on les ouvre ! Ou sinon, à un moment donné, et sans qu'on s'en doute, en dépit de la ruine des peuples, — car n'est-ce pas lorsqu'on n'a plus rien à perdre qu'on risque son va-tout ? — en dépit de la ruine des peuples, dis-je, c'est le canon qui, de toutes parts tonnant, se chargera de cette besogne, la première et la seule à laquelle il faut que le monde aboutisse.

Relisez le premier chapitre.

Pour le monde entier, la clef de l'énigme est là.

Malheureux, que ne le voyons-nous !... Et pourquoi les autres, comme nous, conservent-ils obstinément leurs yeux clos ? Dans la ruine générale, il n'y aura pas, il ne peut y avoir de relèvement particulier ; le mal étant le même partout, partout demande, pour disparaître, l'application d'identiques remèdes. La guérison sera un fait consécutif à la répugnance des malades enfin vaincue.



FIN

# TABLE DES MATIÈRES



## OPINIONS DE PARLEMENTAIRES, DE TECHNICIENS ET DE JURISTES



## OPINIONS DE COMMERÇANTS




Paris. — Imp. P. BOLL, 12, rue des Bourdonnais.

LA FRANCE ACTIVE
DANS CE NUMÉRO
ORGANE DE TOUTES LES FORMES DE L'ACTIVITÉ NATIONALE

www.ingramcontent.com/pod-product-compliance
Ingram Content Group UK Ltd.
Pitfield, Milton Keynes, MK11 3LW, UK
UKHW022059260726
13993UKWH00001B/211